Hermann-Josef Frisch

Lieber Martin Luther –
lieber Papst Franziskus

Hermann-Josef Frisch

Lieber Martin Luther – lieber Papst Franziskus

Ein Briefwechsel

HERDER

FREIBURG · BASEL · WIEN

Als Grundlage für Zitate der Bibel wurden verwendet:
in den Briefen von Martin Luther:
     Lutherbibel, revidierter Text 1984, durchgesehene Ausgabe,
     Deutsche Bibelgesellschaft, Stuttgart, 1999
in den Briefen von Papst Franziskus:
     Einheitsübersetzung der Heiligen Schrift,
     Katholische Bibelanstalt, Stuttgart 1980

Die Luthertexte wurden orthografisch und sprachlich
weitgehend an das heutige Deutsch angepasst
und teilweise gegenüber dem Original gekürzt,
ohne dass – der Lesbarkeit willen – diese Kürzungen
besonders kenntlich gemacht wurden.
Gleiches gilt für die Zitate von Papst Franziskus.

MIX
Papier aus verantwor-
tungsvollen Quellen
FSC® C083411

Satz und Layout: Hermann-Josef Frisch, Overath
Herstellung: CPI books GmbH, Leck

Printed in Germany

ISBN 978-3-451-34992-8

Fiktive Briefe zwischen dem Reformator Martin Luther und Papst Franziskus – historisch unmöglich, aber doch eine spannende Sache, wenn diese beiden großen Gestalten der Christenheit – die zwei der drei großen christlichen Konfessionen »repräsentieren« – ins Gespräch eintreten. Was würden die beiden so unterschiedlichen Charaktere einander wohl schreiben?

Und was wären ihre Themen angesichts einer nunmehr fünfhundert Jahre währenden Trennung zwischen diesen beiden Konfessionen, angesichts sich inzwischen herausgebildeter Traditionen, die beiderseits nicht mehr dem Stand zu Beginn des 16. Jahrhunderts entsprechen? Was würden sie sagen über den Glauben, über die Kirche, über das Amt in der Kirche?

Zu den wichtigsten Themen, die Martin Luther vor fünfhundert Jahren bewegt haben, nehmen beide in den Briefen dieses Buches Stellung. Dies ist gedacht im Blick auf das Lutherjahr 2017, aber mehr noch als ein bescheidener Beitrag zum Dialog und Verständnis zwischen evangelischen und katholischen Christen. Gelassenheit, Geduld, Ernst und das Bemühen um Friedfertigkeit kennzeichnen diese Schreiben – wären die Konfliktpartner der Reformationszeit doch damals genauso gelassen, geduldig, ernsthaft und friedfertig miteinander umgegangen! Den Menschen vor allem in Europa, aber auch den christlichen Kirchen weltweit wäre viel Leid erspart geblieben.

Es bleibt die Hoffnung auf einen Neubeginn, auf eine ständige Reformation der Kirche. Dieses Buch soll einige Impulse dazu geben.

Hermann-Josef Frisch

Inhalt

Ich wage es zu schreiben ...

Lieber Bruder Franziskus,

so wage ich zu schreiben, ich, der Doktor Martinus Luther in Wittenberg, Professor der Theologie, Augustinermönch gewesen, nun Reformator

an den Bruder in Rom, den Papst Franziskus, der den Namen des Bruders aus Assisi angenommen hat und in den ich die edle Hoffnung setze, dass er sich mir gegenüber als der Bruder erweist, der er ja in Christo und in Gottes Erbarmen ist,

Gnade und Frieden von Gott, unserem Vater, und dem Herrn Jesu Christo.

Ich wage zu schreiben an dich, den Papst, obwohl mir natürlich sehr bewusst ist, dass meine Beziehung zum Papst in Rom äußerst gebrochen ist, eine unheilvolle Beziehung, die Leid über viele Menschen gebracht hat, auch über mich ganz persönlich und meine Freunde hier in Wittenberg. Ich muss auch gestehen, dass ich mich über den Papst am Anfang meiner Laufbahn zwar zurückhaltend, dann aber immer schärfer und auch verletzender geäußert habe, schroffer, als es mir als Mönch geziemt hat. Mehr noch, ich habe zwar am Anfang, als es allein um den Ablass ging, meine Hoffnung darauf gesetzt, in Einigkeit und Frieden mit dem Papst einen Missstand in der Kirche zu beseitigen. Aber als ich als Antwort allein das brutale Vorgehen des dem Papst anhängenden Johannes Eck erhielt, als mir die Bannandrohungsbulle *Exsurge Domine* überbracht wurde, als meine 95 Thesen zum Ablass, aber auch vieles andere in meinen Schriften als *ketzerisch* bezeichnet wurden, da begann ich, den Papst mit all dem, was zu ihm gehört, energisch zu bekämpfen, weil die Papisten mit ihren schlechten Lehren und Beispielen den christlichen Erdkreis geistig und leiblich zugrunde gerichtet haben. Die Gesetze und Dekrete des Papstes haben die Gewissen der Gläubigen elend in Fesseln geschlagen und in einer unglaublichen Tyrannei misshandelt – so meine Klage auch auf dem Reichstag in Worms im Jahr des Herrn 1521.

Ja, ich gestehe, dass ich mich – und dies mit den Jahren immer stärker – als Feind des Papstes und der Papisten, seiner gewissenlosen und verantwortungslosen Anhänger, gezeigt habe. Doch habe ich dies im Blick auf die Päpste meiner Zeit getan:

– Ich tat dies im Blick auf den zwar energischen, aber gar nicht geistlichen Papst Julius II., der kein guter Hirte war, sondern ein Kriegsherr und Machtmensch. Ihm war sein Kirchenstaat wichtiger als das Evangelium Gottes und er wollte seine Macht in einem übergroßen Bauwerk, dem neuen Petersdom, ausdrücken. Diesen Vertreter nicht des Evangeliums von der Gnade Gottes, sondern der kriegerischen Gewalt und der Ausplünderung der Gläubigen habe ich auf meiner Romreise 1511 kennenlernen müssen, als ich selber noch päpstisch gefangen war und mir die Freiheit der Kinder Gottes durch Christus noch nicht aufgegangen war.

– Ich tat dies im Blick vor allem auf den verschwenderischen Medici-Papst Leo X., der bereits als Kind Pfründe gesammelt hat und der auf seine Gelage und rauschenden Feste bedacht war und nicht auf das Heil der Gläubigen. Er speiste sein üppiges Leben durch den Handel mit Ablässen, mit Dekreten und Dekretalien, mit Dispensen und Gnadenbriefen. Ein Ausbeuter war er der hehren Christenheit und mein ganz persönlicher Gegner. Sein Mönchlein Johann Tetzel, Dominikaner, ein Hund seines Herrn, verkaufte das, was er als Gnade bezeichnete, Ablassbriefe genannt, in Magdeburg und Halberstadt, in der Nähe meines Wohnorts Wittenberg. Gegen ihn, aber letztlich gegen den Handel des Papstes, richteten sich meine 95 Thesen aus dem Jahr des Herrn 1517.

– Ich tat dies auch im Blick auf seine Nachfolger Hadrian VI., Klemens VII. und Paul III., die Fürsten waren, aber nicht Fürsten Gottes, sondern Fürsten dieser Welt und des Teufels, moralisch verdorben und nicht einer Erneuerung der Kirche zugewandt, sondern allein einer Erneuerung ihrer Geldbörse durch die Ausplünderung des Volkes Gottes. Sie verkündeten kein *Evangelium*, keine »Frohe Botschaft«, sondern ein *Kakosangelium*, eine »Schlechte Botschaft«, nicht Heil, sondern Unheil für die auf den Namen Jesu Getauften.

So meine Erfahrungen mit den Päpsten damals. Ich habe ihnen schließlich keine Briefe und Eingaben mehr geschrieben, weil nichts das Herz dieser Menschen erreichen konnte. Allein ihr Geldbeutel war offen. Ich habe deshalb *über* sie geschrieben und jeden Christgläubigen vor ihnen und ihren Papisten gewarnt. Denn es war gräulich und erschreckend anzusehen, dass der Oberste der Christenheit so weltlich und prächtig fährt, eine dreifache Krone trägt und in nichts nachahmt seinen Herrn, den Christus, den Gekreuzigten. Zum anderen verzehrte die Gier der Kardinäle, Bischöfe, Pfaffen und Mönche die christlichen Lande. Mammon beteten sie an, nicht aber den Gott Jesu Christi.

Nicht ihnen schrieb ich, aber ich wage es nun, dir zu schreiben, lieber Bruder Franziskus, denn obwohl ich nicht mit deiner Zeit vertraut bin, sehe ich doch, dass du anders bist als so manch einer deiner Vorgänger, besonders als die, die in meiner Zeit regiert haben. Du selber beklagst die 15 Krankheiten der römischen Kurie, du selber sprichst immer wieder vom Erbarmen, das den Menschen durch die Gnade Gottes und die Liebe Jesu Christi zukommt. Du bist in deinem Auftreten einfach und bescheiden, ohne all den päpstlichen Prunk und Protz, den ich im Übermaß erlebt und den ich immer wieder aufs Schärfste kritisiert habe.

So wage ich es, dir zu schreiben, und tue dies in der Hoffnung, dass du nicht so hart und unbarmherzig reagierst wie deine Vorgänger, sondern auch mir ein erbarmender Hirte bist. Dies hoffe ich nicht im Blick auf mich, den kleinen Mönch von Wittenberg, sondern im Blick auf die ganze Herde Gottes, die – in Zwietracht und Uneinigkeit getrennt – dem Willen Gottes nicht entspricht und wieder zu einer Einheit im Geist Jesu zurückgeführt werden muss, der gesagt hat: »Damit sie alle eins seien. Wie du, Vater, in mir bist und ich in dir, so sollen auch sie in uns sein, damit die Welt glaube.«

Ich warte auf deine Antwort, lieber Bruder in Christus. Sei also mutig und stark, überwinde den jahrhundertelangen Hass und zeige mir dein Erbarmen. Alles, was du und ich tun werden, geschehe aus Liebe und im Glauben an den einen Gott, den Vater unseres gemeinsamen Herrn Jesus Christus.

So schreibt dir

dein Bruder Martin,
Wittenberg

Lieber Bruder Martin,

so wage auch ich zu schreiben und ich wage es, dich meinen Bruder in Christus zu nennen. Dies tue ich trotz aller Trennung und der Schmerzen, mit denen die Christen auf beiden Seiten einander über Jahrhunderte hinweg überhäuft haben. Ich schreibe dir als einem geliebten Bruder,

ich, Franciscus, genannt nach dem großen kleinen Bruder aus Assisi, vormals Jorge Mario Bergoglio, Mitglied der Gesellschaft Jesu, die man meist Jesuiten nennt, und nun der Diener der Diener Christi in Rom,

das Erbarmen Gottes sei mit dir und mit allen, die sich zu Christus bekennen, sowie mit allen Menschen auf dieser Erde, die sich nach Frieden und Eintracht sehnen.

Um Frieden und Eintracht soll es auch uns gehen, wenn wir uns schreiben, um den Wunsch, zu einer größeren Einheit zu gelangen. Denn dies ist mein Wunsch an dich, den Bruder in Wittenberg, dass wir darüber sprechen, wie wir die Spaltung überwinden, die seit fünfhundert Jahren – und im Blick auf die Brüder im Osten noch viel länger – die Gemeinschaft der Kinder Gottes belastet. Wie kann das Volk Gottes wieder zu *einem* Volk werden, das miteinander auf dem Weg ist und sich auf diesem Weg gegenseitig stärkt? Wie kann die Gemeinschaft der Jüngerinnen und Jünger Jesu wieder zu einem Glauben gelangen, zu einem Bekenntnis unseres Herrn und Gottes, zu einem gemeinsamen Vertrauen auf Christus, zu einer Bindung an die Schrift unseres Glaubens und zu einer gemeinsamen Feier unseres Glaubens in Wort und im Brot? Machen wir uns, lieber Bruder Martin, auf einen Weg hin zu einem besseren Verständnis.

Zu meiner Freude hast du in deinem Brief das Johannesevangelium zitiert, einen heiligen Text, der mir selbst ebenso wichtig ist. Und genau den von dir zitierten Vers habe ich in meinem Apostolischen Schreiben *Evangelii gaudium*, »Von der Freude des Evangeliums«, im Zusammenhang mit dem ökumenischen Dialog aufgegriffen. Das ist für uns beide und für die Christen auf allen Seiten Maßstab und Auftrag: dass wir so eins sind, wie der Vater und Jesus eins sind. Das Johannesevangelium zielt mit dieser Einheit darauf, dass »die Welt glaube«. Genauso habe ich geschrieben: »Die Glaubwürdigkeit der christlichen Verkündigung wäre sehr viel größer, wenn die Christen ihre Spaltungen überwinden würden.« Wir sind Pilger auf dem Weg zu Gott, und wir sollten dafür Sorge tragen, dass wir miteinander pilgern und uns gegenseitig auf dem Weg stärken durch das, was wir jeweils – in wohl unterschiedlicher Weise – vom Evangelium verstanden haben.

Unterschiede gibt es wohl, und das ist angesichts der Verschiedenheit von Menschen nicht verwunderlich und angesichts einer seit nunmehr leider schon fünfhundert Jahren während Trennung nur zu verständlich. Über das Trennende können wir später reden, wenn wir zuvor unsere gemeinsame Basis gefunden haben. Und dies ist – da wirst du mir wohl zustimmen, soweit ich dich von deinen Schriften her kenne – der gemeinsame Glaube an unseren Herrn Jesus Christus, auf dessen Namen wir alle getauft sind.

Der Glaube und die Taufe sind uns gemeinsam. Ebenso aber berufen wir uns beide auf eine gemeinsame Heilige Schrift. Christus und die Schrift aber führen uns zu Gott selbst – Christus ist *der* Weg, die Schrift ist ein Konzert unterschiedlicher Stimmen, die letztlich zu Christus und damit zu Gott hinführen.

Gemeinsam also ist uns, wie es der Brief eines Schülers des von dir so verehrten Paulus an die Gemeinde in

Ephesus und andere Gemeinden in Kleinasien ausgedrückt hat, »ein Herr, ein Glaube, eine Taufe, ein Gott und Vater aller, der über allem und durch alle und in allem ist«. Damit aber – so der Apostelschüler in diesem Brief – sollen wir uns »demütig, friedfertig und geduldig darum mühen, die Einheit des uns gemeinsamen Geistes zu bewahren«. Dies kann nur durch den Frieden geschehen, der unser aller Auftrag und zugleich unsere Hoffnung ist. Bemühen wir beide uns, du, lieber Bruder Martin von Wittenberg, und ich, der Franciscus von Rom, zusammen mit den uns Anvertrauten um einen solchen Frieden, denn wie sagte es unser gemeinsamer Bruder Paulus in seinem Brief an die Gemeinde in Korinth: »Zu einem Leben in Frieden hat Gott uns berufen.«

Ich bin betrübt und beschämt, wenn du mich daran erinnerst, welch unevangelisches Verhalten, ja, Versagen und Schuld du bei meinen Vorgängern, den Päpsten deiner Zeit, angetroffen hast. Ich bin betrübt, weil durch ihre Lebensweise und durch ihr Verhalten nicht nur dir, sondern vielen Menschen gegenüber das Zeugnis des Evangeliums verdunkelt wurde. Ich bin beschämt, weil sie nicht zu Gespräch und Aufeinanderhören bereit waren, sondern mit Verdammung und Exkommunikation ihre Macht und ihren Reichtum verteidigt haben. So kam Unfrieden in unsere Welt, so kam die unselige Spaltung, so kam unendliches Leid über viele Menschen – bis auf den heutigen Tag.

Ich gebe allerdings auch zu, dass mich manches in deinen Schriften durchaus befremdet. Deine Schärfe, deine Wortwahl, deine Verdammung der anderen Seite durch Kampfschriften scheinen mir zur Auseinandersetzung und Spaltung ebenso beigetragen zu haben wie die beklagenswerte Hartherzigkeit der päpstlichen Seite. Aber so ist es in Konfliktsituationen. Es ergibt sich eine Spirale des Nichtverstehens, der verletzenden Sprache und letztlich des Verdammens des anderen. Um einen solchen Stil der

Auseinandersetzung soll und wird es allerdings, soweit ich dazu beitragen kann, in unserem Briefwechsel nicht gehen.

Denn du hast mich mit Recht auf das Erbarmen angesprochen, das uns Christen eine Leitlinie für unser Denken, Reden und Handeln sein soll, weil Gott der barmherzige Vater ist und unser gemeinsamer Herr Jesus Christus uns dieses Erbarmen Gottes hat aufscheinen lassen in unserer Mitte. Erbarmen ist mir der wichtigste Maßstab meines Pontifikats. Das Wort »Erbarmen« hat in deiner deutschen Sprache den Hintergrund von »arm« sein, und gewiss sind wir alle gemeinsam »arm vor Gott«. Doch denen, die »arm sind vor Gott, den Barmherzigen, gehört das Himmelreich, sie werden das Erbarmen Gottes finden«, wie es Jesus in seiner Bergpredigt ausgedrückt hat. In der hebräischen Sprache der Bibel aber, das weißt du als Lehrer der Bibel in Wittenberg genauso wie ich, hat das Wort für Barmherzigkeit *rahamim* mit dem Mutterschoß zu tun, mit der mütterlichen Liebe und Zuneigung zu ihrem Kind. So erfahren wir Gott – unsere muslimischen Brüder nennen Gott vorrangig den Barmherzigen und Allerbarmer. Unter dem Auftrag der Barmherzigkeit, des Erbarmens aber stehen wir alle, weil unser Gott uns gegenüber barmherzig ist.

Deshalb bitte ich dich, Bruder Martin, setzen wir unseren Briefwechsel fort in einer Haltung des Erbarmens und der gegenseitigen Zuwendung im Vertrauen auf Gott, wie es Paulus anführt:

»Gepriesen sei der Gott und Vater Jesu Christi, unseres Herrn, der Vater des Erbarmens.«

Dies schreibt dir

dein Bruder Franciscus,
Rom

Reform ist nötig

Lieber Bruder Franziskus,

in einem meiner Tischgespräche mit befreundeten Theologen habe ich genau den Gedanken ausgedrückt, mit dem du, lieber Bruder, deinen Brief an mich beschließt: »Die wahre Weisheit«, so habe ich gesagt, »ist, sich selbst und Gott zu erkennen. Gott aber ist die Barmherzigkeit, die nicht verwirft, sondern um Christi willen aus Gnade errettet.«

In diesem Punkt, dass Gott der Barmherzige ist, der den Menschen in Christus sein Erbarmen zeigt, sind wir uns sofort einig, und ich freue mich darüber. Das ist wirklich die Basis unseres Gespräches und es muss auch die Basis einer Verständigung zwischen den Christen sein, die in Zertrennung leben.

Ich bin dir sehr dankbar, dass du mir auf mein vorsichtiges Schreiben hin sofort in solch angenehmer Weise geantwortet hast. Wie viel wäre der Christenheit erspart geblieben, hätte mir ein Papst meiner Zeit so viel an Erbarmen gezeigt! Somit können wir uns auf den Weg machen, die Fragen anzusprechen, die uns wichtig sind. Wir haben auf unsere Fragen sicher nicht immer gemeinsame Antworten, aber was schadet das, wenn die Basis stimmt, der gemeinsame Glaube an Gott, den Vater Jesu Christo?

Ich möchte, bevor wir uns einzelnen Themen zuwenden, zuerst auf einen Gedanken hinweisen, der mir überaus wichtig ist: Man hat mich – nicht zu meiner Zeit, erst Jahrzehnte später und weiterhin in deiner Zeit – einen Reformator genannt, weil ich mich um eine Reform der Kirche bemüht habe – und in der Tat, das war mein Anliegen: die Kirche, die durch Prunk und Protz der Päpste, Bischöfe und Pfaffen am Boden lag, zu reformieren. Ausplünderung des Volkes und Ämterkauf verfälschten das Evangelium Jesu von einer Gemeinde, die den Armen zugewandt sein muss. Mehr noch: Durch den Verkauf der Bischofsämter machten die Päpste meiner Zeit die Bischöfe zu bloßen »Ziffern und Ölgötzen«, wie ich in meiner Schrift »An den christlichen Adel deutscher Nation« im Jahr 1520 geschrieben habe. Das Ergebnis war zu meiner Zeit, dass die bischöflichen Lehen nur »groben, ungelehrten Eseln und Buben« verkauft wurden, fromme und gelehrte Leute aber leer ausgingen.

Wo sich die Gemeinde Jesu, die Kirche, so zeigt, da muss es das Bestreben eines jeden ehrlichen Christenmenschen sein, die Missstände zu beenden, das Evangelium neu aufleuchten zu lassen, zurückzukehren zur Erkenntnis und zum Glauben, ohne den kein Heil möglich ist. Nicht der ganze äußere Betrieb der Kirche in Rom, Mainz oder wo auch immer rettet den Menschen, sondern allein das Vertrauen auf den Gott, der uns seine Gnade erweist. Im gleichen Jahr wie die Adelsschrift habe ich in meiner Schrift von den guten Werken so gesagt: »Murmeln mit dem Mund ist leicht – aber mit Ernst des Herzens den Worten Folge tun, das ist Glauben, das ist eine große Tat für Gottes Augen.«

Das also ist Reformation, wie ich sie verstanden habe: eine Neuordnung, die am Ursprung ansetzt; eine Umgestaltung, die eine Verbesserung des Bestehenden bedeutet; eine religiöse und sittliche Erneuerung entsprechend der für jeden Christenmenschen verbindlichen Botschaft des Evangeliums. Und dies bedeutet ein Gotteswerk zum Heil für alle Menschen und nicht Kirchenparagrafen, die in späterer Zeit entstanden sind und allein Menschenwerk darstellen. Reformation, das ist für mich – obwohl ich den Ausdruck so nicht gebraucht habe – die »Form« des Ursprungs, des Heils in Christo, zu er*neu*ern und all das abzulegen, was diesen Ursprung verdunkelt und sich in neuen Zeiten nicht mehr leben lässt. Reformation ist keine Rebellion, denn nicht um zu zerstören, habe ich gewirkt. Reformation ist vielmehr Neuaufbau des Hauses Gottes, der Gemeinde der Glaubenden, des Volkes, das, von Gott berufen, zum ewigen Heil bestimmt ist. Es ging mir beileibe nicht darum, eine Trennung zu schaffen, sondern es ging mir um die Wahrheit Gottes, zu deren Verkündigung ich berufen wurde. Es ging mir nicht um die Macht von Menschen, gleich ob Kaiser oder Papst, Fürst oder Bischof, Herr oder Pfaffe, sondern es ging mir um die Macht und Ehre Gottes, die wiederherzustellen war. Es ging mir um das Evangelium von Jesu Christo, an den allein sich der glaubende Mensch binden kann und soll und nicht an Heilige und Ablässe, an Wallfahrten und Reliquien, an Messstiftungen und Lehen, an päpstliche Bullen und Beichtbriefe, an Kirchenstaat und so vieles andere.

Wenn man mich rückblickend den Reformator nennt, dann verstehe ich das, obwohl ich nur ein kleiner Prediger in Wittenberg bin, als lobenden Zuspruch und zugleich als Anspruch. Als Zuspruch, weil ich mit all meiner Kraft versucht habe, die Kirche zu erneuern, zu ihren Ursprüngen zurückzuführen, ihr eigentliches Wesen und ihre unerlässliche Aufgabe wieder neu aufscheinen zu lassen. Als Anspruch, weil ich natürlich mit dieser Aufgabe nicht ans Ende gekommen bin und auch nicht kommen konnte. Denn die Kirche wirklich zur Gemeinde Gottes zu machen, das kann keiner außer Gott selbst. Jeder Mensch, selbst die geistlichen Würdenträger und auch du, lieber Bruder Franziskus als Papst, ist mit dieser Aufgabe im Letzten überfordert. Wir können nur kleine Schritte auf einem Weg tun, dessen Ziel Gott selbst ist. Und jeder dieser Schritte ist Geschenk Gottes.

Deshalb auch ist die Reform der Kirche eine Aufgabe für alle Zeiten. In meiner Zeit war dies besonders dringend, mein Weg war unausweichlich, als ich einmal erkannt hatte, was wirklich den Menschen vor Gott gerecht macht. Aber die Reform der Kirche ist auch zu anderen Zeiten eine beständige Aufgabe – auch du stehst wie kaum ein anderer deiner Zeit vor dem gewaltigen Anspruch, die Kirche zu dem zurückzuführen (zu reformieren), was im Evangelium als Willen Gottes, in den Schriften des Paulus als Form und innere Mitte der Gemeinde und im Leben der ersten Gemeinden als grundlegend zu sehen ist: eine Gemeinde und eine Kirche, die sich ganz und gar dem Willen Gottes unterstellt. Von da aus versteht die Kirche ihre beiden unlösbar miteinander verbundenen Aufgaben – die Ehre Gottes zu wahren und das Heil der Menschen zu fördern.

»Ecclesia semper reformanda« – »Die Kirche ist immer zu reformieren«, so hat 150 Jahre nach mir der Theologe Jodocus van Lodenstein formuliert. Damit meinte er mein Wirken und das Wirken der anderen Reformatoren, das aber nie an ein Ende kommen kann. »Ecclesia semper reformanda« – das möchte ich dir, lieber Bruder Franziskus, am Ende dieses zweiten Briefes mit auf den Weg geben. Wie denkst du darüber, gilt dies auch für dich?

Dies fragt, dir in Christo verbunden,

dein Bruder Martin,
Wittenberg

Lieber Bruder Martin,

zuerst einmal freue ich mich, dass du den Briefwechsel mit mir fortführen möchtest. Auch mir liegt es am Herzen, in einen brüderlichen Dialog über die wichtigen Fragen des Glaubens in unserer heutigen Welt einzutreten. Denn für die Menschen sind wir bestellt – du damals am Beginn des 16. Jahrhunderts und ich heute in einer völlig anderen Situation. Doch gemeinsam berufen wir uns auf Jesus Christus, der Glaube an ihn ist unser gemeinsames Fundament. In brüderlicher Liebe möchte ich dir also begegnen und meinen Teil dazu beitragen, dass die Verletzungen zwischen den Christen heilen und überwunden werden.

Du fragst mich nach meiner Einstellung zur »ecclesia semper reformanda«, zur ständig neuen Reform der Kirche, zur fortwährenden Anstrengung, die Botschaft des Evangeliums in einer der jeweiligen Zeit und Kultur angemessenen Weise zu verkünden. Um es ganz klar zu sagen – mit diesem Hinweis auf das Wesen der Kirche rennst du bei mir offene Türen ein. Ich versuche mit all meiner allerdings sehr bescheidenen Kraft – denn ich bin wie du und mein Namenspatron Franz von Assisi nichts anderes als ein kleiner Bruder, ein Diener aller – eine Reform der Kirche. Und ich fange dabei von oben an und stelle mich zuerst einmal selbst unter den Auftrag des Evangeliums.

Gegen alle Widerstände hier in Rom und anderswo – und glaube mir, deren gibt es leider mehr als genug – versuche ich, der Kirche ein anderes Gesicht zu geben, ein Gesicht, welches dem Vorbild Jesu mehr entspricht, der Ursprungsgestalt unseres gemeinsamen Glaubens. Und es ist ein Gesicht, welches die Anfangszeit der Kirche als die

Ursprungsgemeinschaft betrachtet, die eine Verpflichtung über die Zeiten und Kulturen hinweg bedeutet. Zudem ist es drittens ein Gesicht, das die Heilige Schrift, die biblischen Bücher, als Ursprungsurkunde versteht, die uns den Zuspruch von Gottes Erbarmen und ebenso den Anspruch Gottes an ein Leben nach seinem Willen vermittelt. Aber ich denke, auf diese Punkte werden wir in weiteren Briefen zurückkommen.

Hier darf ich dir nur einige Sätze vorstellen, die ich in meinem ersten großen Schreiben als Papst über »Die Freude des Evangeliums« formuliert habe. Dabei weiß ich, dass du aus herben Erfahrungen heraus bei päpstlichen Bullen und Notationen äußerst skeptisch bist, was Verlautbarungen aus Rom betrifft. Ich kann nachvollziehen, dass diese Skepsis berechtigt war, doch schenke mir jetzt einen Vertrauensvorschuss im Blick auf das, was ich dir schreibe. Nur so ist ein wahrer Dialog möglich.

So habe ich zur Reform der Kirche formuliert: »Ich träume von einer missionarischen Entscheidung, die fähig ist, alles zu verwandeln, damit die Gewohnheiten, die Stile, die Zeitpläne, der Sprachgebrauch und jede kirchliche Struktur ein Kanal werden, der mehr der Evangelisierung der heutigen Welt als der Selbstbewahrung dient. Die Reform der Strukturen, die für die pastorale Neuausrichtung erforderlich ist, kann so verstanden werden: Die Seelsorge wird offener, sodass sie die in der Seelsorge Tätigen in eine ständige Haltung des ›Aufbruchs‹ versetzt.«

Im gleichen Schreiben folgt: »Da ich berufen bin, selbst zu leben, was ich von den anderen verlange, muss ich auch an eine Neuausrichtung des Papsttums denken. Auch das Papsttum und die zentralen Strukturen der Universalkirche haben es nötig, dem Aufruf zu einer pastoralen Neuausrichtung zu folgen. Die Seelsorge verlangt, das bequeme pastorale Kriterium des ›Es wurde immer so gemacht‹ aufzugeben. Ich lade alle ein, wagemutig und kreativ zu sein.«

Bereits an diesem kurzen Zitat siehst du, dass mir eine ständige Reform der Kirche wichtig ist, verstanden als Neuausrichtung der Verkündigung des Evangeliums: Gott zur Ehre und den Menschen zum Heil. Du betonst in deinen vielen Schreiben und Predigten, in deinen Tischgesprächen und Disputationen, dass dir die vielen Äußerlichkeiten der Kirche nicht wichtig sind, und auch ich glaube, dass man auf vieles getrost verzichten kann – und zwar gerade hier in Rom. Aber auf unseren eigentlichen Auftrag können wir nicht verzichten, den Menschen das Evangelium in einer ihrer jeweiligen Zeit und Kultur angemessenen Weise zu vermitteln.

Dabei können wir an dem ansetzen, was der von dir und mir geschätzte Apostel Paulus bereits in seinem Brief an die Römer aufgeschrieben hat: »Wandelt euch und erneuert euer Denken, damit ihr prüfen und erkennen könnt, was der Wille Gottes ist.« Paulus hat dies immer so gehalten, erinnere dich an das Apostelkonzil und die Frage, ob das, was die junge Kirche aus dem Judentum übernommen hat, auch für Heidenchristen verpflichtend sein muss. Die Entscheidung führte zu einer grundlegenden Veränderung, man könnte auch sagen Reform oder Reformation. Doch nur so entstand eine Weltkirche, nur so überlebte die aus dem Judentum herausgewachsene Kirche. »Ecclesia semper reformanda« ist notwendig für das Überleben der Kirche in den sich ständig verändernden Situationen, den je neuen Lebensgewohnheiten der Menschen, den unterschiedlichen Kulturen der Welt.

Du weißt, dass ich – trotz der italienischen Wurzeln meiner Familie – aus Lateinamerika komme. Deshalb bin ich nicht in einer nur auf Europa beschränkten Sicht von Kirche verhaftet. Ich sehe das größere Ganze und vor allem die größere Vielfalt. Ich sehe den sich immer mehr beschleunigenden Wandel unseres gesellschaftlichen Lebens und die alle Menschen und Völker betreffenden globalen

Probleme. Hierauf muss die Kirche neue Antworten geben, die nicht ihren Ursprung und den Kern ihrer Botschaft verändern, wohl aber eine Erneuerung und damit auch Veränderung in kirchlicher Struktur, in Sprachweisen, Ausdrucksformen, Riten und Ritualen. Es geht um eine Erneuerung des Herzens, um so besser und angemessener als bisher den Herausforderungen gerecht zu werden, die die heutigen Kulturen und Menschen an die Kirche stellen.

Ich denke, dass wir beide in diesem Punkt übereinstimmen können: unter Bewahrung der ursprünglichen Botschaft Jesu vom barmherzigen, den Menschen zugewandten Gott und unter Festhalten an der Bedeutung des Wortes Gottes, das sich in herausragender Weise in den Schriften der Bibel findet, dennoch eine ständige Erneuerung zu wagen. Um es in einem Bild zu sagen, dem Bild von der Flasche und dem Wasser darin: Das lebendige Wasser in der Flasche bleibt, aber die äußere Form und Gestalt der Flasche kann und muss sich ändern – »ecclesia semper reformanda«.

Dafür werde ich mich mit all der Kraft, die mir am Ende meines Lebens noch bleibt, einsetzen. Und dies kann auch eine Grundlage unseres Dialogs sein: Nach der inhaltlichen Grundlage, dass wir beide die Barmherzigkeit Gottes bekennen, folgt die formale Grundlage, dass wir uns beide um eine Erneuerung der Kirche bemühen, damit diese Botschaft vom barmherzigen Gott lebendig bleiben kann.

Worüber sollen wir nun in unseren weiteren Briefen sprechen? Schreibe mir doch deine Gedanken, schreibe, was dir wichtig ist. Dazu ermuntert dich

dein Bruder Franciscus,
Rom

Worüber sollen wir sprechen?

Lieber Bruder Franziskus,

das Bild mit der Flasche und dem Wasser ist einpräg-
sam – es könnte von mir sein. Und in der Tat, es geht
um den Inhalt der Flasche, nicht um ihr Äußeres. Man
darf beides nicht miteinander verwechseln: das Evangelium vom barmherzigen Gott und von Jesus, der unser Heil geworden ist – das ist der Inhalt, auf den es
im Christentum ankommt. Und die Kirche ist weithin
nichts anderes als die Flasche, die diesen Inhalt aufzu-
bewahren und den Dürstenden weiterzugeben hat, eine
Kirche des Dienstes. Die Bemerkung, dass es in der Kirche auch eine Menge seltsamer »Flaschen« gegeben hat
und weiterhin gibt und dies besonders in Rom, kann
ich mir allerdings in diesem Zusammenhang nicht ver-
kneifen. Du bist damit jedoch nicht gemeint, denn ich
sehe dein Bemühen um eine Reform der Kirche. Wärest
du doch Papst schon in meiner Zeit gewesen, wir wären
leicht übereingekommen zum Wohl und Frieden aller.

Also um den Inhalt muss es uns gehen. Darum habe
ich mich immer bemüht und vom Kern unseres Glaubens werden auch unsere Gespräche bestimmt sein.
Welche konkreten Themen mir wichtig sind?

Zum Reichstag in Augsburg im Jahr 1530 konnte ich
nicht fahren, da ich noch unter der Reichsacht stand
und mir das schreckliche Beispiel der Verbrennung von
Jan Hus noch vor Augen war. Philipp Melanchthon hat
statt meiner Person auf dem Reichstag die Grundzü-
ge unseres am Evangelium orientierten Glaubens, des
evangelischen Bekenntnisses, in der *Confessio Augusta-
na,* dem Augsburgischen Bekenntnis, vorgetragen. Er

hat die Reformanliegen, die uns wichtig waren, den auf dem Reichstag versammelten Fürsten und vor allem Kaiser Karl in aller Deutlichkeit, aber auch in aller Freundlichkeit und Verbindlichkeit geschildert. Ihm gebührt deshalb hoher Dank für seinen Einsatz.

Doch auch ich war in dieser Zeit nicht müßig. Ich lebte zur Zeit des Reichtstags in der Veste Coburg, an der Südspitze des bereits reformierten kursächsischen Gebietes, im heutigen bayerischen Oberfranken gelegen. Dort steht eine beeindruckende Burg, die du besichtigen kannst, wenn du einmal nach Deutschland kommst. Auf dieser Veste Coburg schrieb ich eine »Vermahnung an die Geistlichen«, die auf dem Reichstag versammelt waren, um meinen Teil zur Befriedung und auch zur Reform der Kirche beizutragen. Gedacht war diese Schrift also, so habe ich es in der Einleitung formuliert, als eine Art geistlicher Gegenwart meiner Person auf dem Reichstag, zu dem ich »körperlich« ja nicht kommen durfte.

In dieser Schrift habe ich aufgezählt, welche Stücke in den rechten christlichen Kirchen abzuhandeln sind – und diese Stücke könnten auch die Stücke unseres Dialoges werden. Ich nenne einige Beispiele:
- Was Gesetz sei
- Was Evangelium
- Was Sünde
- Was Gnade
- Was Gabe des Geistes
- Was die rechte Buße
- Was der Glaube
- Was Vergebung der Sünden
- Was die christliche Freiheit
- Was der freie Wille
- Was die Liebe
- Was die Hoffnung

- Was die Messe
- Was die Kirche
- Was ein Bischof und ein Diaconus
- Was das Predigtamt
- Was der rechte Katechismus als zehn Gebote, Vaterunser, Glaubenbekenntnis
- Was Lesen und Auslegen der Schrift
- Was gute Werke sind

All diese Themen sind in meiner Zeit von den Bischöfen und Priestern nicht gepredigt worden, auch in den Schulen wurde dies nicht abgehandelt, noch in den christlichen Büchern. Dabei sind all diese Stücke unerlässlich, wenn man die Botschaft des Evangeliums richtig verstehen und weitergeben will. An diese Stichworte können wir, lieber Bruder Franziskus, also ansetzen.

Diese Themen waren mir wichtig und alles habe ich immer wieder in meinen Schriften und Predigten hervorgehoben. Nicht wichtig allerdings sind mir viele andere Dinge, die entweder ganz am Rande des Eigentlichen liegen oder allein Form und Farbe der »Flasche« betreffen oder gar – und das ist dann schlimm – die Botschaft des Evangeliums, dass Gott den Menschen gerecht macht und ihm Heil schenkt, ins Gegenteil verfälschen. Auch dazu habe ich in der »Vermahnung« eine breite Fülle von Beispielen genannt – hier nur einige von vielen Beispielen für solchen Gräuel:

Ablass, Opfermessen, Bann, Fegfeuer, Poltergeister, unzählige Wallfahrten, Vigilien, Seelmessen, Heiligenfeiern ohne Maß, Feier, Fasten und Antiphonen, Zölibat, Kirchen, Altäre, Bilder weihen mit Ablass, Glocken taufen, Prozessionen als Schauspiel, Kutten und Platten (Kopfrasur) der Mönche, Caseln, Alben, Chorhemden, Räucherfässer und Monstranzen, Weihwasser und Weihsalz, dazu mancherlei Brauchtum wie Palmesel, Johannistrunk, Sankt-Blasius-Licht und Fronleichnamsprozession, vor allem aber, wenn das Kirchenjahr mehr zu Maria und der Heiligen Dienst ist als zu Christo Dienst.

Ich will hier aufhören, denn du wirst schon verstehen, worauf es mir ankommt: Da sind die Stücke unseres Glaubens, die unerlässlich sind und über die wir ins Gespräch kommen sollten. Und auch von dem anderen mag ja manches durchaus nicht zu verwerfen sein, doch Kinderspiel und Narretei sind Bischofshüte und geistliches Gepränge allemal! Mehr noch: Vor lauter Nebenstück verhindern all solche Äußerlichkeiten, dass man sich dem Hauptstück zuwendet – zum Gott des Friedens und des Trostes, der uns durch seinen Geist zu aller Wahrheit führt durch unseren lieben Herrn Jesum Christum. Dem allein und niemandem sonst sei Lob und Preis für seine Gaben in Ewigkeit.

Du wirst mir sicher nicht in allem folgen können. Manches von dem, was ich an den Rand gelegt habe, mag dir dennoch als wichtig erscheinen und als liebgewonnener Brauch, bei dem man durch die Äußerlichkeiten nach innen geführt wird, zum Inhalt unserer »Flasche«, zum Evangelium selbst. Aber das vermute ich jetzt nur; schreibe mir doch, was du denkst.

Darum bittet dich dir verbunden,

dein Bruder Martin,
Wittenberg

Lieber Bruder Martin,

in der Tat sind mir manche der von dir genannten Äußerlichkeiten keineswegs unwichtig. Aber du hast schon den Schlüssel zum Verständnis selbst genannt, wenn du darauf hingewiesen hast, dass das äußere Tun der Kirche zum inneren Verständnis und Glauben hinführen will. Vielleicht ist dies, so vermute ich, eine der großen Differenzen zwischen den christlichen Kirchen: In den Kirchen der Reformation bezieht ihr euch vor allem und (fast) ausschließlich auf die von dir genannten Hauptstücke des Glaubens. Alles andere ist für euch entweder rahmendes Beiwerk, auf das man getrost verzichten kann, oder sogar – schlimmer noch – eine Verdeckung oder Verfälschung der Hauptstücke des Glaubens durch mancherlei unwichtige Nebenstücke. Ich erkenne eure Sorge für den inneren Kern des Glaubens an, kann auch durchaus zugestehen, dass in unseren Traditionen das äußere Tun zu oft ein Eigenleben entwickelt hat, welches der Botschaft des Evangeliums nicht angemessen war. So ist – um meinen letzten Brief aufzugreifen – eine Reform der Kirche nötig, bei uns, aber auch bei euch.

Denn – von manchen Verfälschungen abgesehen – es gibt auch ein äußeres Tun, es gibt Symbole, Riten und Rituale, die den Menschen durchaus helfen, den inneren Kern des Glaubens zu entdecken und zu feiern. Lass mich dies an zwei Beispielen deutlich machen:

Du hast bei deiner Aufzählung der Nebensächlichkeiten – in vielem stimme ich dir zu – nicht mehr die Osterkerze genannt, die in deiner »Vermahnung« noch enthalten war. Aber ergibt es nicht Sinn, wenn wir in der Nacht der Auferweckung Jesu durch den gnädigen Gott auch sinnenhaft und mit einem für alle Menschen verständlichen Symbol deutlich machen, was diese Auferweckung bedeutet – Licht nämlich, welches das Leben jedes Menschen erhellt und das eine Hoffnung darstellt über dieses Leben und den Tod hinaus, nicht nur für Jesus, sondern für alle, die sich im Glauben an ihn binden? Natürlich ist ein solches Zeichen wie das Licht der großen Osterkerze in der Liturgie und der kleinen Osterkerzen der Gläubigen nicht entscheidend für das Heil der Menschen, aber es hilft doch in einer wirklich guten Weise, den Glauben durch ein Zeichen, ein Symbol, eine rituelle Handlung mit dem Leben der Menschen zu verbinden. Insofern stellt die Osterkerze für mich nicht allein eine Äußerlichkeit dar, die am Rand liegt und deshalb unwichtig ist. Es ist für mich etwas, das – anders als etwa die Schrift und die Glaubensbekenntnisse – nicht allein auf das Wort vertraut, sondern den Menschen als Einheit von Leib und Seele versteht, ihn ganzheitlich anzusprechen vermag. Ich freue mich deshalb, wenn ich erfahre, dass manche der evangelischen Pastöre dieses Zeichen wieder in ihren Ostergottesdiensten aufgreifen – auch so wächst ein kleines Stück Gemeinschaft zwischen den Kirchen.

Ähnlich ist es mit dem von dir genannten Weihwasser. Natürlich ist es eindeutig abzulehnen, wenn diesem Wasser magische Kraft zugesprochen wird unter dem Motto: »Wenn man das Vieh im Stall mit Weihwasser besprengt, wird es schon nicht krank.« Solch ein magisches Verständnis gibt es leider in vielen Religionen und selbst wir Christen sind dagegen nicht gefeit. Hier muss die Verkündigung, muss die Predigt und die Lehre in der Schule gegensteuern und sagen, dass wir Christen unsere Hoffnung, unser Vertrauen allein auf Gott und seinen Christus setzen und nicht auf magisches Tun, in welcher Weise auch immer dies geschehen mag.

Allerdings verhält es sich mit dem Weihwasser in meiner katholischen, aber auch in den orthodoxen Kirchen und in der anglikanischen Kirche anders und damit trifft dein Vorwurf nicht. Wasser ist wie Licht ein Symbol des Lebens gegen den Tod und damit ein Hinweis auf die Auferweckung. Wie Israel durch die Wasser des Meeres gehen musste, um zur Freiheit der Kinder Gottes zu gelangen, so ist die Perspektive für den Glaubenden die, dass er durch das Wasser der Taufe gehen muss, um mit Jesus vereint zu sein und deshalb mit ihm zu sterben und vom Gott des Lebens auferweckt zu werden. Das Taufwasser unserer Gemeinden soll deshalb, wo immer dies möglich ist, in der Osternacht geweiht werden, um diesen inneren Bezug (das Hauptstück gegen die Nebenstücke) liturgisch sichtbar zu machen. Und das Weihwasser in den Kirchen oder Häusern der Gläubigen erinnert an das Taufwasser, damit aber an Christus und unser Bekenntnis zur Auferweckung durch Gott. Dies drückt der Glaubende bei uns und in den östlichen Kirchen dadurch aus, dass er sich mit diesem Wasser »bekreuzigt«, also das Kreuz Christi über sich schlägt, sich mit dem Gekreuzigten *und* dem Auferweckten verbindet. Wieder ist das Wasser ein äußeres Zeichen, ein Symbol, auf das man durchaus verzichten kann, es ist nicht heilsnotwendig; und wenn ihr das Weihwasser und das Kreuzzeichen in euren Gottesdiensten nicht pflegt, ist es auch gut so. Aber wir stehen dazu, dass solche »Äußerlichkeiten« eben nicht nur außen sind, sondern eine innere Haltung, einen inneren Glauben, den Kern der Botschaft des Evangeliums bezeichnen und vor aller Augen ausdrücken. Deshalb halten wir dafür, dass dies ein Wert für uns ist.

Zwei Beispiele sind dies, die deine Einteilung infrage zu stellen scheinen. Doch dies ist nicht so, denn ich weiß wohl zwischen außen und innen, zwischen Flasche und Inhalt zu unterscheiden. So lass uns denn die äußeren Dinge als – vom Gesamt her gesehen – unwichtig und nebensächlich ansehen. Vielmehr sollten wir uns den Kernfragen zuwenden: Gibt es zwischen uns eine grundlegende Gemeinsamkeit, die alle Verschiedenheit übertrifft? Gibt es ein gemeinsames Fundament, auf das wir ein Haus Gottes bauen können, mit vielen Zimmern darin, die unterschiedlich eingerichtet sind, weil sie sich auf andere Traditionen beziehen? Also gibt es ein gemeinsames Dach über uns allen?

Und dieses gemeinsame Dach und Fundament muss uns dann tragen und behüten, auch wenn wir weiterhin in vielen einzelnen Dingen – in unseren Zimmern – andere Formen wählen, unterschiedlicher Meinung sind, unterschiedlich leben. Nicht um *Einheitlichkeit* darf es den Christen verschiedener christlicher Traditionen gehen, sondern um die innere *Einheit* eines gemeinsamen Glaubens an Gott, der sich uns durch den Geist in Jesus zuwendet. Nicht um Einheitlichkeit darf es uns angesichts der Vielfalt menschlicher Kulturen und Traditionen, der Unterschiedlichkeit der Völker und Gruppen gehen, sondern um eine innere Einheit aus dem *Glauben* an den Urgrund des Lebens, einer weltumfassenden Solidarität aus der *Liebe*, die an Gottes Liebe zu uns Maß nimmt, aus der *Hoffnung*, die eine Perspektive für die Zukunft gibt.

Halten wir beide also, lieber Bruder Martin, in unseren nächsten Briefen Ausschau nach dem Fundament und dem Dach. Ich freue mich, deine Meinung dazu zu hören.

Dies schreibt dir

dein Bruder Franciscus,
Rom

Unser Fundament

Lieber Bruder Franziskus,

ein wenig knurrend und murrend stimme ich dir zu, was die Osterkerze und das Weihwasser betrifft. So wie du solche Zeichen deutest, führen sie ja in der Tat zum Eigentlichen hin und können vielleicht wirklich eine Hilfe sein – allerdings nur für den, der solcherlei Zeichen, Riten, Symbole, Rituale nötig hat. Ich dagegen und viele, die mit mir gehen, brauchen dies alles nicht: Uns genügt das Evangelium Jesu Christi und nichts sonst. Aber wie du bereits schreibst, wir bewohnen ein eigenes Zimmer im Haus des Christentums und gestalten dies natürlich auch entsprechend unserer Vorstellungen aus. Und deshalb sieht ein protestantischer Pastor mit schwarzem Talar und Beffchen anders aus als dessen katholischer Kollege mit buntem Messgewand und allerlei anderen Gewandstücken. Aber was soll's – das Eigentliche ist von solchen Dingen nicht betroffen.

Was aber ist das, was unserem Glauben ein Fundament, unserer Liebe starke Wände und unserer Hoffnung ein Dach gibt? Natürlich muss man die Fragestellung verbessern: nicht was ist das, sondern wer tut das? Und die Antwort darauf fällt dem Glaubenden leicht: Wir bauen unser Haus des Glaubens auf Gott selbst; er ist unser Fundament, das unser Leben trägt und hält. Und wir sind umgeben von der Kraft und Liebe Gottes, so wie die Wände die Zimmer umgeben. Ferner ist unser Dach wiederum Gott selbst, denn er beschützt und geleitet uns alle Tage unseres Lebens, in guten und schweren Stunden, in Freude und Leid, in unserem ganzen Dasein.

Doch lass mich diesen grundlegenden, stärkenden und behütenden Glauben an den einen Gott, den Vater unseres Herrn Jesus, der uns im Geist begleitet, noch näher ausdrücken. Ich tue dies in vier Punkten, die die wesentlichen Stücke sind, die ich vom Evangelium erkannt habe. Dies kann in einem Brief nur anfanghaft ausgedrückt werden, weitere Briefe mögen diese vier Hauptstücke weiter ausführen.

Was sind die vier grundlegenden Aussagen unseres Glaubens? Es sind – davon bin ich nach langem Studium fest überzeugt:

- *sola gratia* – allein die Gnade,
- *solus Christus* – allein Christus,
- *sola scriptura* – allein die Schrift,
- *sola fide* – allein der Glaube.

Was heißt das, was meinen diese vier Stücke?

Sola gratia – »allein die Gnade« – meint, dass wir Menschen nicht aus eigener Kraft, nicht durch unsere eigenen Werke und unser Tun gerettet werden können, sondern in allem und jedem von der Gnade Gottes abhängig sind. Diese gütige Zuwendung Gottes, seine Menschenfreundlichkeit und sein Erbarmen, dessen dürfen wir sicher sein, schenkt er uns ohne unsere Verdienste, denn er ist Schöpfer und Neuschöpfer nach dem Tod, er ist Retter und Erlöser. Er schenkt uns seine Gerechtigkeit und dies bedeutet – so hat sich mir nach langer Überlegung und nach dem Studium des Römerbriefes von Paulus erschlossen –, dass er seine Macht nicht einsetzt wie die weltlichen Fürsten und Könige, sondern immer als Retter, der gerecht, richtig, heil und vollständig macht. Das nennen wir Gnade und darauf dürfen wir vertrauen.

Solus Christus – »allein Christus« – meint, dass wir uns allein an Jesus, den Christus Gottes, binden, nicht an die Heiligen, Maria voran, oder an andere Menschen, an allerlei Werke und geschäftiges Tun, an Heiligtümer, Wallfahrten, Prozessionen und dergleichen mehr. Allein Christus bekennen wir, in dem Gottes Angesicht uns Menschen erschienen ist, der uns Gottes gutes Wort gebracht hat, der sich hingegeben hat am Kreuz und der – so unser Glaube – von Gott auferweckt wurde als Erster von uns allen – so unsere Hoffnung. Unser Blick auf Christus versteht ihn zugleich als Mensch und unseren Bruder und als Einheit mit Vater und Geist, als Immanuel, als Gott-mit-uns.

Sola scriptura – »allein die Schrift« – meint, dass allein die Bibel die »Königin« ist, die unverfälscht über die Wahrheit regiert, die die Botschaft des Evangeliums verkündet und sich selbst aus dem Gesamt ihrer Aussagen auslegt. Nicht irgendwelche Traditionen, nicht die Auslegung eines Lehramtes durch Papst und Bischöfe ist entscheidend und bindend, sondern allein der Bezug auf die Schriften der Bibel. Sie sind deshalb nicht hoch genug einzuschätzen, weil in ihnen das Wort Gottes in seiner vollen Kraft und Klarheit enthalten ist. Die Mitte aber der Schrift ist die Botschaft von Jesus Christus und vom barmherzigen Gott. Die Schrift allein ist deshalb der Maßstab für ein christliches Leben und zugleich der Richter über das Handeln des Menschen. Sie ist der »Probierstein«, an dem sich jede kirchliche Lehre und jedes kirchliche Handeln und jede Tradition ausrichten muss.

Sola fide – »allein der Glaube« – meint, dass der fehlbare und schwache Mensch allein durch den Glauben gerettet wird und das ewige Heil erlangen kann. Nicht seine Werke, mögen sie noch so gut und hilfreich sein, nicht die Fürsprache von Heiligen, nicht die Vermittlung von Gottes Gnade durch kirchliche Ämter und Riten, nicht durch das Messopfer – und werde es noch so oft gefeiert, nicht durch Wallfahrten und Prozessionen, nicht durch Ablässe und andere kirchliche Dinge, nicht durch irgendetwas anderes erlangt der Mensch das Heil Gottes, sondern allein durch den Glauben. Wo sich ihm Gott in Gnade und Erbarmen zuwendet, da soll als Antwort darauf der Glaube des Menschen folgen. Aus solchem unbedingten Glauben aber folgen dann von selbst gute Werke und ein rechtes Leben, Reden und Handeln.

Die Gnade Gottes, das Bekenntnis zu Christus, das Vertrauen auf die Schrift und der Glaube allein bilden Fundament, Mauern und Dach meines Glaubenshauses. Allein von hier aus schaue ich auf die Kirche, von diesen vier Hauptstücken allein möchte ich auch selbst in all meiner Schwachheit beurteilt werden: Auf die *Gnade* Gottes allein vertraue ich, zu *Christus* allein bekenne ich mich, an die *Schrift* allein halte ich mich, der *Glauben* allein ist mir wert und heilig.

In meiner Einführung in den Römerbrief des Paulus habe ich geschrieben: »Glaube ist ein göttliches Werk in uns, das uns wandelt und neu aus Gott gebiert. Glaube ist eine lebendige, mutige Zuversicht auf Gottes Gnade. Diese Zuversicht und Erkenntnis göttlicher Gnade macht frei und fröhlich gegenüber Gott und allen Kreaturen, das aber bewirkt der Heilige Geist im Glauben.«

Nun hast du, lieber Bruder Franziskus, das Fundament, die Mauern und das Dach, die zusammen mein Glaubenszimmer von unten, von oben und von allen Seiten umgeben. Nun bist du an der Reihe: Schildere doch aufrichtig und klar, wie du es mit all dem hältst. Was ist dir Fundament, Mauern, Dach?

Das fragt dich, mit Spannung deine baldige Antwort erwartend,

dein Bruder Martin,
Wittenberg

Lieber Bruder Martin,

um es gleich vorweg zu sagen: Nichts von dem, was du als die vier Hauptstücke deines Glaubens und damit des Glaubens der evangelischen Schwestern und Brüder bezeichnest, wird von mir und den katholischen Schwestern und Brüdern bestritten. Im Gegenteil, wir können das alles nur voll und ganz bestätigen. Es geht auch uns um die Gnade Gottes, um das Bekenntnis zu Jesus, um eine Hochschätzung der Heiligen Schrift und um den Glauben, der die alleinige Voraussetzung für das Heil der Menschen ist. Soweit stimmen wir überein.

Allerdings gilt es durchaus, einige einschränkende Deutungen vorzunehmen, damit deine Darlegungen, so klar und einsichtig sie erscheinen, ergänzt werden durch eine weitere und umfangreichere Perspektive. Nicht um Bestreitung deiner Meinung geht es mir im Folgenden, sondern um eine Klärung, Ergänzung, ein besseres Verstehen. Und dies tue ich von meiner Verantwortung her nicht nur für mich und dich, sondern für die Christen in aller Welt, gleich zu welcher Konfession sie sich bekennen. Ich verstehe meine Aussagen deshalb nicht als machtvolles Auftreten und autoritäres Durchsetzen der eigenen Meinung, wie es manche meiner Vorgänger zum Schaden der Christenheit getan haben, sondern als Dienst des kleinen Bruders am Glauben, an der Wahrheit, an der Liebe und an der Hoffnung aller. So bitte ich dich, die folgenden Punkte aus dieser Sicht und mit einem wohlwollenden Blick anzunehmen:

Sola gratia – allein die Gnade – dem stimme ich voll und ganz zu. Es kommt in der Tat allein auf Gottes Entgegenkommen, auf Gottes Wirken, auf sein Wort und seine Gnade an. Das ist das Erste. Ebenso aber gilt, dass Gott nicht einfachhin und irgendwie in die Geschichte von Welt und Menschheit eingreift, sondern dass er in und durch und über Menschen tätig ist. Wenn du nur auf die Gnade verweist und dies ohne die Werke des Menschen verstehst, dann sage ich: Ohne ein Mittun des Menschen geht es auch nicht. Gott zielt in seinem Wirken auf den Menschen – wo der sich verweigert, setzt sich Gott nicht mit Gewalt durch. Natürlich gilt, da stimme ich dir wiederum zu, dass der Mensch nicht auf seine guten Werke vertrauen darf. Alle großen Gestalten der Christenheit, die wir in unserer und in der orthodoxen Kirche die Heiligen nennen, haben immer wieder betont, dass sie trotz all ihres Wirkens Sünder und fehlbare Menschen geblieben sind und nie das Gute in einem ausreichenden Maß vollbringen konnten. Am Werk des Menschen fehlt es immer, an Gottes Gnade nie. Aber beides, so meine ich, soll zusammenwirken – zur Ehre Gottes und zum Heil der Menschen.

Solus Christus – allein Christus – dem stimme ich voll und ganz zu. Es kommt in der Tat auf diesen Mann aus Nazaret an, der in Wort und Tat das Erbarmen Gottes zeigte, der als der Messias und Christus bekannt wird, weil er der Weg zu Gott ist, das Licht der Welt, das Brot des Lebens, die Tür zum Vater, weil er die Brücke zwischen Gott und den Menschen darstellt. Doch bleibt mir deine alleinige Ausrichtung auf Christus ergänzungsbedürftig: Wir müssten als Christen von *solus deus, solus Christus, solus spiritus* sprechen, »allein Gott, allein Christus, allein der Geist«. Denn der eine und einzige Gott zeigt sich uns Menschen in drei Gesichtern, nicht nur im Menschen Jesus, sondern auch als der Schöpfer, Erhalter und Retter und als der Geist, der alles durchweht und am Leben erhält.

Sola scriptura – allein die Schrift – dem stimme ich voll und ganz zu. Es kommt in der Tat allein auf das Wort Gottes an, das in den Schriften unserer Bibel wiedergegeben wird. Doch bitte ich dich, auch zu berücksichtigen, dass wir das Wort Gottes innerhalb der biblischen Schriften immer als Menschenwort wiederfinden, das an die damalige Kultur, Sprache und Verstehenswelt gebunden ist. Die biblischen Wissenschaften haben – sicher auch ein gutes Stück angeregt durch deine Beschäftigung mit der Bibel und durch deine Wertschätzung der Bibel – in den letzten beiden Jahrhunderten stärker herausgefunden, wie sehr Gottes Wort in Menschenwort eingebettet ist. Deshalb müssen die Texte der Bibel auch ausgelegt werden – das ist die Aufgabe von Menschen. Deshalb muss auch bedacht werden, dass die Texte der Bibel nicht vom Himmel gefallen sind, sondern innerhalb einer glaubenden Gemeinschaft entstanden sind – also wiederum unter glaubenden Menschen. Die Bibel ist somit nicht der Anfang einer Glaubenstradition, sondern bereits innerhalb einer sich langsam bildenden Tradition entstanden – in ihr sind die Erfahrungen von Menschen wiedergegeben. Schließlich bleibt als beständige Aufgabe für jede Zeit und Kultur, die Bibel in je neuen Kontexten auch neu auszulegen. Wir dürfen die Bibel nicht isoliert von menschlichen Erfahrungen, von Kulturen, von glaubenden Gemeinden deuten, wir dürfen auch nicht einzelne Verse der Bibel aus ihrem Zusammenhang reißen – solches machen die Fundamentalisten jeglicher Couleur und das schafft Unheil genug. Nein, ich meine, die Bibel muss nicht wörtlich, sondern ernst genommen werden, wie es ein Theologe deines Landes ausgedrückt hat. Und das ist eine ständige Aufgabe.

Sola fide – allein der Glaube – dem stimme ich voll und ganz zu. Es kommt in der Tat allein auf die Haltung an, die der Mensch gegenüber Gott einnimmt, auf sein »Sich-ergeben-in-Gott«. Es gibt auch einen Glaubensgehorsam – obwohl ich das Wort Gehorsam im Zusammenhang mit Gott nicht schätze – der, richtig verstanden, die Orientierung bezeichnet, die den Lebensweg eines Menschen am Willen Gottes ausrichtet. Aber auch hier füge ich wieder eine Ergänzung und Erweiterung hinzu: Nicht nur der Glaube ist für die Rettung eines Menschen entscheidend, sondern ebenso die Liebe und die Hoffnung. Wir müssen deshalb von *sola fide, sola caritas, sola spes* sprechen, von den drei Tugenden Glaube, Hoffnung, Liebe, die den drei Gesichtern Gottes entsprechen – Vater, Sohn, Geist. Zu diesen drei Tugenden werde ich dir gerne später mehr schreiben.

Soweit, lieber Bruder Martin, einige katholische Ergänzungen und Erweiterungen zu deinen vier evangelischen *sola*. Ich bin sicher, dass du diese Gedanken zwar kritisch, aber doch wohlwollend würdigen kannst. Und zudem bleibt – und das gilt für uns beide –, dass all unser menschliches Reden, Definieren und Sprechen immer nur Stückwerk bleibt, wie bereits der von uns beiden verehrte Apostel Paulus in seinem ersten Brief an die Gemeinde in Korinth geschrieben hat: »Jetzt schauen wir in einen Spiegel und sehen nur rätselhafte Umrisse, dann aber schauen wir von Angesicht zu Angesicht. Jetzt erkenne ich nur unvollkommen, dann aber werde ich durch und durch erkennen, so wie ich auch durch und durch erkannt worden bin. Für jetzt bleiben Glaube, Hoffnung, Liebe, diese drei; doch am größten unter ihnen ist die Liebe.«

In Liebe grüße ich dich,

dein Bruder Franciscus,
Rom

Gottes Gerechtigkeit

Lieber Bruder Franziskus,

aber der Glaube! Der Glaube ist doch das Erste. Erst aus dem Glauben folgen Liebe und Hoffnung. Ohne Glauben kein christliches Leben, keine christliche Liebe, keine christliche Hoffnung. Die Liebe ist im Zusammenleben der Menschen das Höchste, aber den Grund für die Liebe hat der Glaube gelegt und nichts anderes, kein menschliches Werk, keine menschliche Anstrengung, keine Vermittlung durch irgendwen. Ich bleibe bei meinem »allein der Glaube«, füge aber aufgrund deiner Einwände, lieber Bruder Franziskus, durchaus hinzu, dass sich aus dem Glauben der Dreipass von Glaube, Liebe und Hoffnung ergibt. Doch lass uns auf diese drei später zurückkommen.

Ich möchte in diesem Brief vielmehr berichten, warum mir Gottes Gnade so wichtig geworden ist und was ich darunter verstehe. Denn hier komme ich zu einem Schlüsselerlebnis, das mein Leben als Christ fortan geprägt hat und später – nach langer Besinnung – auch meine Botschaft, die den Päpstischen zum Anstoß geworden ist. Wenn du nachvollziehen kannst, was ich mit diesem Wort meine, dann sind wir auf dem Weg der Verständigung ein gutes Stück weitergekommen.

Ich bin der Sohn eines Bauern und Berghauers, doch wurde ich Bakkalaureus, Magister, Mönch und Doktor. Ich war fromm und kirchentreu; zuerst aber habe ich in Erfurt ab dem Jahr 1501 – ich war zu diesem Zeitpunkt 18 Jahre alt – wie alle Studenten – die sieben freien Künste studiert, Grammatik, Rhetorik, Dialektik, Arithmetik, Geometrie, Musik und Astronomie, dazu auch die Philosophie des Aristoteles, der mir damals als der höchste der Weisen erschien. Später studierte ich auch die Juristerei und hätte gut und gerne Jurist, Lehrer, Hofbeamter werden können.

Doch auf dem Weg von meinem Heimatort zurück nach Erfurt geriet ich am 2. Juli 1505 bei Stotternheim auf freiem Feld in ein solch schweres Gewitter, dass mir das Ende vor Augen stand. Mit Zittern und Beben erreichte ich Erfurt und wusste sogleich, dass alles Studieren und Sinnieren nicht das Entscheidende im Leben sein kann. Ich beschloss, Mönch zu werden, und trat bereits vierzehn Tage später in das Kloster der Augustiner-Eremiten in Erfurt ein. In Buße und Studium wollte ich mich ganz Gott weihen; zwei Jahre später weihte man mich im Kloster zum Diakon und Priester. Doch auch nun blieb meine Frage: »Was rettet den Menschen vor dem Untergang? Wie erhält der Mensch, wie erhalte ich einen gnädigen Gott? Muss Gott mich nicht, weil ich Sünder bin und versage, strafen, wenn er gerecht urteilt?« Mein Gewissen war aufs Äußerste beunruhigt durch die Aussicht, durch Gottes gerechte Strafe unterzugehen und seine Gnade zu verfehlen. Auch alle Bußübungen, Messen, Gebete, alles Fasten und Verzichten half mir nicht im Geringsten weiter in meiner tiefen Angst und Sorge.

Bis schließlich die große Wende kam. In meinen Tischreden habe ich mehrfach geschildert, was mir widerfuhr: Es waren nämlich die Worte »gerecht« und »Gerechtigkeit Gottes« mir ein Blitz im Gewissen. Hörte ich sie, entsetzte ich mich. Wenn Gott gerecht ist, wird er strafen! Aber durch Gottes Gnade erging es mir so: Einmal grübelte ich im Turmzimmer über die Worte des Paulus im Römerbrief: »Der Gerechte wird aus Glauben leben« und weiter: »Ich rede aber von der Gerechtigkeit vor Gott, die da kommt durch den Glauben an Jesus Christus zu allen, die glauben« und noch weiter: »So halten wir nun dafür, dass der Mensch gerecht wird ohne des Gesetzes Werke, allein durch den Glauben.« Da kam mir alsbald in den Sinn: Wenn wir leben können gerecht aus Glauben, und wenn die Gerechtigkeit Gottes allen, die glauben, zum Heil reicht, dann kann diese Gerechtigkeit nicht das sein, was wir verdienen – Strafe –, sondern nur Gottes Erbarmen.

Für mich eröffnete sich in diesem Augenblick eine neue Welt, eine Welt der Befreiung, eine Welt des neuen Mutes, eine Welt der Hoffnung. Es ist somit bei Gott anders als bei weltlichen Herrschern, die, wenn es gut geht, nach Recht und menschlicher Gerechtigkeit richten, die Guten belohnen und die Schlechten bestrafen, wenn es schlecht geht, aber nur ihren eigenen Willen für das Gesetz halten und brutal durchsetzen. Bei Gott hingegen bedeutet Gerechtigkeit – wenn ich den Paulus richtig verstanden habe, und davon bin ich überzeugt –, dass es nicht um Strafe geht, sondern um Gnade, dass es nicht um den Tod des Menschen geht, sondern um sein Leben, dass es nicht um Unterwerfung unter das doch nicht vollständig einzuhaltende Gesetz geht, sondern allein um das Erbarmen Gottes. Die Gerechtigkeit Gottes ist nichts anderes als seine Gnade und sein Erbarmen.

Zu Recht sind mir die Worte des Römerbriefes überaus lieb geworden, von hier aus verstehe ich mein ganzes Auftreten, denn diese Sicht der Gerechtigkeit Gottes hat Konsequenzen. Es geht für den Christenmenschen deshalb nicht um die vielen Werke, die ja durchaus gut und für den Nächsten durchaus hilfreich sein mögen, die aber letztlich den Menschen nicht retten können. Es geht vielmehr allein um die Gnade Gottes, die den Menschen in den Augen Gottes gerecht macht, ganz gleich, welche schuldhafte Geschichte er mit sich schleppt. Es geht deshalb auch nicht um die vielen Werke des Menschen, wie sie das Gesetz vorschreibt, auch das Gesetz des Mose. Es geht allein um das Evangelium, die Frohe Botschaft, dass Gott den gerecht macht, der sich im Glauben an seinen Sohn Jesus Christus hält. Gott zeigt sich dem glaubenden Menschen nicht als strenger Richter – was er nach menschlichem Verständnis von Gerechtigkeit her sein müsste. Gott zeigt sich vielmehr als erbarmender Vater. Und so kam mein Herz wieder zu Frieden. Und darum ist Gottes Gerechtigkeit dergestalt, dass wir glücklich werden können.

Nichts konnte mich nunmehr schrecken, nicht die Bullen der Päpste, nicht die Verfolgung durch die Papisten, nicht die Heuchelei vieler weltlicher Herrscher und Erzbischöfe. Nein ich war durch diese Worte überaus getröstet, meine Seele wurde aufgerichtet. Ich konnte Gott neu vertrauen, weil er mir nicht als strenger Richter begegnet, sondern mit Erbarmen und Gnade. Denn das und nichts anderes ist seine Gerechtigkeit.

Doch nun habe ich lange genug von mir erzählt, von meinem Schlüsselerlebnis, von meinem Glaubensweg, der mich vom Zwang und Druck des Gesetzes zur Freiheit des Evangeliums geführt hat. Erzähle du doch, lieber Bruder Franziskus, wenn du möchtest, auch von dem, was dich bewegt, was eine Grunderfahrung deines Glaubens ausmacht, was dir zum Schlüsselerlebnis geworden ist.

Dies wünscht von ganzem Herzen

dein Bruder Martin,
Wittenberg

Lieber Bruder Martin,

ich danke dir aus ganzem Herzen dafür, dass du in aller Offenheit das geschildert hast, was für dich zum Schlüsselerlebnis geworden ist. Es ist gut, wenn wir Christenmenschen uns über unseren Glaubensweg austauschen und uns dadurch im Glauben stärken und voranbringen, uns trösten und helfen, wo immer es möglich ist. Unsere Wege sind und bleiben dabei natürlich verschieden, aber in all unseren Wegen, so verschlungen sie auch sein mögen, können wir dennoch das Erbarmen Gottes erkennen, seine Gnade und Gerechtigkeit, wie du sie sehr deutlich gezeichnet hast.

Das ist auch ein Schlüsselerlebnis meines Lebens gewesen, aber in ganz anderer Weise als bei dir. Mein Leben verläuft ja auch in einer ganz anderen Zeit, begann auf einem anderen Kontinent und steht unter ganz anderen Bedingungen. Aber – wie du – komme ich aus einfachen Verhältnissen, mein Vater war bei der argentinischen Eisenbahn beschäftigt. Und – wie du – habe ich vor der Theologie etwas anderes getrieben, ich wurde Chemietechniker. In einer überraschenden Parallele bin ich – wie du – als 22-Jähriger in einen Orden eingetreten. Doch hier unterscheiden sich unsere Wege: Nicht zu den Augustinern ging ich, sondern zu den Jesuiten, einem Orden, den es zu deiner Zeit noch nicht gab, sondern der erst 1534 gegründet wurde, nebem vielem anderen auch angestoßen durch die von dir begonnene Reformation und mit dem Ziel einer kirchlichen Erneuerung durch eine intensive Beziehung zu Jesus, dem Christus – deshalb der Name »Gesellschaft Jesu«.

Bei mir war der Eintritt in den Orden aber nicht durch ein plötzlich mich ergreifendes Erlebnis bedingt, sondern eine allmähliche Entwicklung, die mir deutlich werden ließ, mein Leben Gott und der Verkündigung des Evangeliums zu weihen. Wie du studierte ich – allerdings im Orden – Geisteswissenschaften, das entspricht in etwa den sieben freien Künsten deiner Zeit. Dann folgte die Theologie und erst nach langen Studienjahren wurde ich im Jahr 1969 zum Priester geweiht.

In manchem ähneln sich unsere Lebensläufe, doch der Ausgangspunkt meiner weiteren Tätigkeit muss anders beschrieben werden als der deinige: Während des Studiums öffnete mir mein Theologieprofessor, Lucio Gera, den Blick für eine »Theologie des Volkes«, die immer eine »Theologie der Armen« sein müsse. In ganz Lateinamerika war zu dieser Zeit das Stichwort »Befreiung« nicht nur theologisches Schlagwort, sondern allgemeines pastorales Programm. Im Blick auf die Befreiung des Volkes Israel aus der Unterdrückung in Ägypten, so wie sie in der Bibel erzählt wird, soll die Kirche das Volk Gottes unserer Zeit aus der Unterdrückung durch Armut, mangelhafte Bildung, fehlende Gesundheitsversorgung, Hoffnungslosigkeit und Hilflosigkeit führen.

Eine solche Befreiung des Volkes Gottes hin zu einem selbstbestimmten und verantwortlichen Leben, zu Gerechtigkeit, Liebe und Solidarität mit den Armen beruft sich dabei auf Gott selbst. Denn die Schriften der Bibel, im Alten wie im Neuen Testament, zeichnen Gott als denjenigen, der das Klagen seines Volkes hört, rettend und befreiend eingreift und aus der Not befreit.

Dieses befreiende Erbarmen Gottes ist der Kern der biblischen Botschaft, ist das Evangelium, die Frohe Botschaft überhaupt. Und es ist nicht nur sichtbar an der Erzählung vom Auszug Israels aus Ägypten, einer Schlüsselerzählung für den Glauben von Juden und Christen, sondern auch an der Erzählung von der Heimkehr aus dem Exil in Babel. Doch auch viele Einzelgestalten der Bibel haben das Erbarmen Gottes als Befreiung aus einem Leben der Knechtschaft und Armut erfahren, die alttestamentliche Rut etwa. Im Neuen Testament ist es besonders das Lukasevangelium, das diese Linie des Ersten Testaments aufgreift. Lukas zeigt auf, wie im Wirken und Lehren Jesu der Gott der Armen und Geringen sichtbar wird. Das Heilen Jesu entspricht dem heilenden und rettenden Eingreifen Gottes in der Geschichte Israels.

Gott ist demnach ein Gott der Armen und Entrechteten, der durch Jesus eine Wende der Situation herbeiführen will. Damit ist auch der Auftrag der Kirche gekennzeichnet – und mein Auftrag im Jesuitenorden, später als Bischof und nun als Papst. In meinem Schreiben über die »Freude des Evangeliums« habe ich dies so ausgedrückt: »Brechen wir auf, um allen das Leben Jesu Christi anzubieten. Mir ist eine ›verbeulte‹ Kirche, die verletzt und beschmutzt ist, weil sie auf die Straßen hinausgegangen ist, lieber als eine Kirche, die aufgrund ihrer Verschlossenheit und ihrer Bequemlichkeit, sich an die eigenen Sicherheiten zu klammern, krank ist.«

Im gleichen Schreiben habe ich dies konkretisiert: »Wir haben es nötig, in der Solidarität zu wachsen. An jedem Ort und bei jeder Gelegenheit sind die Christen, ermutigt von ihren Hirten, aufgerufen, den Schrei der Armen zu hören.« Und schließlich heißt es: »Im Herzen Gottes gibt es einen so bevorzugten Platz für die Armen, dass er selbst arm wurde.« Mit dem letzten Wort greife ich auf unseren verehrten Paulus zurück, der im zweiten Brief an die Korinther auf den Weg Jesu verwiesen hat: »Ihr wisst, was Jesus Christus in seiner Liebe getan hat: Er, der reich war, wurde euretwegen arm, um euch durch seine Armut reich zu machen.« Dieses Wort von der Armut hat mich und mein Denken geprägt.

Den Armen, den Menschen am Rande, den Vertriebenen und Flüchtlingen, den Ausgebeuteten und Entrechteten, den Hungernden und Kranken – all diesen Menschen gilt meine besondere Sorge, denn die Kirche Jesu Christi muss immer eine Kirche ohne Grenzen sein. Ich fühle mich in dieser Sorge bestätigt durch meinen Namenspatron, den heiligen Franz von Assisi, der für die Armen sorgte und deshalb ihnen gleich wurde, ein Armer unter Armen. An ihn habe ich in meinem Schreiben erinnert: »Klein, aber stark in der Liebe Gottes wie der heilige Franziskus, sind wir als Christen alle berufen, uns der Schwäche des Volkes und der Welt, in der wir leben, anzunehmen.«

Das ist mein Glaube, das ist mein Lebensweg, und das ist auch mein Programm als Bischof für Rom und die Welt. Ich möchte nichts anderes als ein froher Bote sein, der den Geringen und Armen Trost und Zuversicht, Hoffnung und Befreiung zuspricht. Und ich folge in all dem dem Beispiel und Maßstab Jesu, nach dem meine Ordensgemeinschaft ausgerichtet ist. Gewiss, es gibt in der Geschichte der Völker und Kulturen, im Erscheinungsbild der großen Religionen viele beeindruckende Gestalten. Aber für mich ist und bleibt Christus das Fundament meines Glaubens. Er verbindet mich mit dem Erbarmen Gottes – seiner Gerechtigkeit und Gnade, wie du es erkannt hast. Nicht ich als Papst bin das Haupt der Kirche, sondern allein er, wie es ein Paulusschüler formuliert hat: »Christus ist das Haupt des Leibes, er ist der Ursprung, der Erstgeborene der Toten; so hat er in allem den Vorrang.«

Lasst uns also von diesem Wort her über Christus sprechen. Schreibe mir mehr dazu.

Darum bittet dich

dein Bruder Franciscus,
Rom

Christus – der Gekreuzigte und Auferweckte

Lieber Bruder Franziskus,

dein Wunsch kommt mir sehr entgegen. Über Christus zu sprechen, muss alle Tage Aufgabe der Christenmenschen sein, die sich ja nach ihm benennen und auf seinen Namen hin getauft sind. So wollen wir dies nun getrost auch in unseren Briefen tun.

Du verstehst Christus als Beispiel und Maßstab deines Lebens (und deiner Ordensgemeinschaft) und damit als Fundament deines Glaubens. Und es ist richtig, dass wir als Christenmenschen Jesus als Vorbild verstehen. So wie wir Jesus beten, fasten, den Leuten helfen und Liebe erzeugen sehen, sollen wir es auch selbst halten. Das ist fürwahr eine große Aufgabe, die unser ganzes Leben umfassen soll, und ich bin froh, dass wir in diesem Punkt uns sehr einig sind. Und mit solcher Aufgabe, Christus nachzufolgen, haben wir ein Leben lang zu tun – wir werden ihr nie voll gerecht. Indes geht es im Tun des Menschen nicht um Vollkommenheit, sondern um sein Mühen und Bemühen aus dem Glauben heraus, nicht um seine Werke.

Doch Jesus allein als Vorbild zu verstehen, genügt nicht. Du hast bereits auf große Gestalten anderer Religionen verwiesen, von denen ich nichts oder nur wenig weiß. Aber ich sehe, dass es in unserer christlichen Kirche ebensolche großen Gestalten gegeben hat, die diese Nachfolge Jesu in herausragender Weise gelebt haben. Der von dir genannte Franz von Assisi ist nur ein Beispiel von vielen Frauen und Männern, die deshalb in der christlichen Tradition die »Heiligen«, die ganz von

Gottes Willen Erfüllten und ihm Zugehörigen, genannt werden.

Dennoch muss ich hier einwenden, dass diese Sicht – Jesus als herausragendes Vorbild – nicht den ganzen Christus umfasst. Denn einem Vorbild kann man folgen oder auch nicht. Und was würde das Leben, Sterben und Auferstehen Jesu für dich ausmachen, wenn es nur ein Vorbild – vielleicht sogar unter vielen – wäre. Nein, es geht bei Christus aus meiner Sicht um viel mehr. Es geht um eine Grundaussage unseres Glaubens, weshalb ich auch zur Formulierung »allein Christus« gekommen bin.

»Allein Christus« – das bedeutet nämlich, dass dieser Christus uns, noch bevor er zum Maßstab, Beispiel und Vorbild werden konnte, als Gabe und Geschenk von Gott selbst gegeben wurde. Das nämlich ist das Eigentliche des Evangeliums, dass Gott uns in seinem Erbarmen entgegenkommt und uns in Christo so überreich beschenkt, wie es niemand erhoffen durfte. Deshalb hat auch Johannes in seinem Evangelium zu Recht geschrieben: »Und das Wort ward Fleisch und wohnte unter uns, und wir sahen seine Herrlichkeit, eine Herrlichkeit als des eingeborenen Sohnes vom Vater, voller Gnade und Wahrheit. Und von seiner Fülle haben wir alle genommen Gnade um Gnade. Denn das Gesetz ist durch Mose gegeben; die Gnade und Wahrheit ist durch Jesus Christus geworden.«

Was ich dir zur Gerechtigkeit Gottes geschrieben habe, dass diese nichts anderes sei als das liebevolle Erbarmen Gottes, das uns entgegenkommt und »gerecht« macht in seinen Augen, das findet sich verwirklicht in Jesus, seinem Christus. Deshalb, so habe ich an anderer Stelle formuliert: »Des Herrn Christus Geschichte soll man auf dreierlei Weise bedenken: Zum Ersten als eine Historie und Geschichte. Zum Zweiten als Geschenk und Gabe. Zum Dritten als ein Exempel und Vorbild, dem wir glauben und nachfolgen sollen.« Es gilt also zum Ersten, eifrig in der Bibel zu lesen, um die Historie des Herrn Christus, seine Lehre, sein Wirken, sein Leiden und Sterben und die frohe Kunde von seiner Auferweckung durch Gott kennen zu lernen. Es gilt zweitens, zu einer großen Dankbarkeit Gott gegenüber zu finden, weil er uns den Herrn Christus als Geschenk gegeben und damit unser Leben gewandelt hat. Schließlich wird unser Herr Christus uns zum Maßstab, zur Richtschnur unseres Lebens, zum Vorbild für unser Denken, Reden und Handeln in jeglicher Weise. So ist die Bedeutung Christi für uns, das bekenne ich.

Es wird in dieser Sicht deutlich, dass mein »allein Christus« etwas zu tun hat mit dem »allein Gnade« und auch mit dem »allein die Schrift« und »allein der Glaube«. Denn das Kommen Christi in unsere Welt ist bedingt durch die Gnade Gottes, durch sein Entgegenkommen in Christus, durch seine Barmherzigkeit und Liebe, mit der er jeden Menschen und die ganze Welt umfängt. Die Gnade Gottes, seine Gerechtigkeit und sein Erbarmen – gleich mit welchen menschlichen und deshalb begrenzten Worten man versucht, Gottes Wirken zu umschreiben – richten sich auf ein einziges Ziel aus: in Christus selbst Mensch zu werden. So stehen gegenüber: der große Gott – der kleine Mensch, die Liebe Gottes – die Schuld des Menschen – die Gerechtigkeit Gottes, der Glaube der Menschen. All das hängt unauflöslich zusammen, all das macht die »Freude des Evangeliums« aus, über die du, lieber Bruder Franziskus, in deinem Apostolischen Schreiben geschrieben hast.

Christus also, das ist überaus tröstlich, verbindet uns, mich, den Prediger aus Wittenberg, und dich, den Bischof in Rom. Wäre es doch so, dass wir von diesem gemeinsamen Bekenntnis zu Christus alle Verwerfungen und Schwierigkeiten, all das Trennende und Verletzende zwischen uns überwinden könnten! Müssen sich nicht Christenmenschen immer wieder neu auf den Grund ihres Glaubens besinnen, auf Christus – und sind dann nicht so viele strittige Fragen letztlich unwichtiges Beiwerk?

Das Wichtigste in unserem Glauben ist: Christus erkennen können. Das aber ist eine lebenslange Aufgabe für mich und dich und für alle Christen, wie es schon im Schlussvers des zweiten Petrusbriefes heißt: »Wachset aber in der Gnade und Erkenntnis unseres Herrn und Heilands Jesus Christus. Ihm sei Ehre jetzt und für ewige Zeiten! Amen.« Und ich habe einmal gesagt: »Es gibt nur einen Artikel und eine Regel in der Theologie: nämlich rechter Glaube oder Vertrauen auf Christus. In diesem Artikel fließen ein oder gehen wieder heraus all die anderen Artikel unseres Glaubens und ohne diesen Artikel Christus sind die anderen nichts und sinnlos.«

Und im Übrigen, in deinem Blick auf die Armen, hast du gar recht: Christus, der Sohn Gottes, wandelt jetzt auf Erden und niemand sieht ihn. Er geht aber als Dürstender, Hungernder, Nackter, als Gast und so weiter. In dieser Gestalt begegnet er uns, in dieser Gestalt können wir ihn wahrnehmen. Und wir können in dieser Gestalt die Liebe an ihm üben, die sich aus dem Glauben ergibt.

In Christus sind wir verbunden, lieber Bruder Franziskus, in Christus sind wir vereint in Glaube, Liebe und Hoffnung. Dafür bin ich dankbar,

dein Bruder Martin,
Wittenberg

Lieber Bruder Martin,

es tut mir gut, dass du am Ende deines letzten Briefes die Person Jesu Christi mit den Armen dieser Welt verbindest, genau so, wie es ja in der Weltgerichtsrede Jesu im Matthäusevangelium geschieht: »Was ihr für einen meiner geringsten Brüder getan habt, das habt ihr für mich getan.« Und so sind die Sorge für die Armen, das Speisen der Hungrigen, die Aufnahme der Fremden, das Mühen um Menschen in jeglicher Not und um die Geringen am Rande der Gesellschaft die entscheidenden Kriterien christlichen Lebens. All das erfahre ich von meinem Werdegang und meinen religiösen Erfahrungen her als unverzichtbar.

Deinen Dreischritt, zuerst Jesus durch seine Lebensgeschichte kennenzulernen, dann ihn einzuschätzen als Geschenk Gottes, das uns Menschen unverdienterweise zukommt, und ihn schließlich im dritten Schritt, als Folgerung aus den beiden ersten, als Vorbild zu verstehen, scheint mir eine wirklich gute, weil menschennahe und menschenfreundliche Theologie zu sein. Das ist eine Theologie des Volkes, wie sie mir am Herzen liegt.

In der Geschichte der Christen hat es natürlich eine Fülle von Theologen gegeben, die mit hohem Einsatz und wohl auch vielfältigen persönlichen Erfahrungen über Jesus nachgedacht und versucht haben, das Geheimnis seiner Existenz zu erhellen. Manchmal meine ich, dass viele zu weit abgehoben redeten und Spekulationen niedergelegt haben, die das Verständnis des normalen Christen – wir sprechen heute vom Mann auf der Straße – bei Weitem übersteigt. Nicht um hohe Theologie, ein großartiges Gedankenkonstrukt, tiefes Spekulieren und Sinnieren, wie du es nennst, muss es uns in der Begegnung mit Jesus gehen, sondern um den Aufbau einer inneren Beziehung zu ihm. Es geht nicht darum, Christus zu verstehen, sondern ihm zu folgen.

Und dazu habe ich am Anfang meines Wirkens als Bischof von Rom wie folgt formuliert: »Christus folgen, ihn begleiten, bei ihm bleiben – das erfordert ein ›Heraustreten‹. Heraustreten aus dem Selbst, aus einer Welt, die den Glauben müde und aus Gewohnheit lebt, heraustreten aus der Versuchung, sich in die eigenen Schemata zu verschließen. Wenn wir ihm folgen wollen und bei ihm bleiben wollen, dann dürfen wir uns nicht damit begnügen, mit den 99 Schafen auf der Weide zu bleiben, dann müssen wir ›heraustreten‹, dann müssen wir mit ihm das verlorene Schaf suchen, das, was am weitesten entfernt ist.«

Jesus hat dies am Beispiel des barmherzigen Samariters deutlich gemacht. Dieser geht nicht am Unglückseligen vorbei, er hilft ihm, ohne etwas dafür zu verlangen. Ohne zu fragen, ob er Jude oder Heide ist, ob er Samariter ist, ob er reich ist oder arm: Er fragt nichts, er verlangt nichts – er hilft. Und Jesus zeigt damit ein Doppeltes auf: Der barmherzige Samariter ist zum einen Vorbild und Maßstab für ein menschliches und mehr noch christliches Handeln. Das würde deinem dritten Schritt im Blick auf Jesus entsprechen. Mehr aber noch zeigt uns der barmherzige Samariter jedoch zum anderen auf, wie Gott selbst in seinem innersten Wesen ist und wie er sich den Menschen zeigt: Er ist reine Barmherzigkeit und Liebe und schenkt von da aus Leben, Segen und Schutz. Dieser Gedanke knüpft meiner Meinung nach an das an, was in deinem zweiten Schritt enthalten ist: Christus als Geschenk des gnädigen und erbarmenden Gottes anzusehen.

Für mich ist der barmherzige Samariter noch ein Drittes: Er ist der deutliche Hinweis auf Jesus selbst, der sich wie ein barmherziger Samariter um die Menschen gekümmert hat und ihnen Bruder geworden ist. Besonders galt diese Geschwisterlichkeit Jesu den Armen, den Geringen, den Menschen am Rande. Genau deshalb dürfen Christen zu allen Zeiten Jesus verehren, weil sie in ihm die Barmherzigkeit erkennen können, die uns Menschen aufgetragen ist. Und sie können in ihm die Barmherzigkeit Gottes erkennen, der in seinem Christus, dem Immanuel, dem »Gott-mit-uns« uns in Liebe entgegenkommt. So gesehen stellt Jesus die Brücke zwischen den Menschen und Gott dar.

Solches Geheimnis aber feiern wir in besonderer Weise am Weihnachtsfest. Es ist gleichsam das Fest einer Verbindung von Gott und Menschen durch Jesus. Dabei dürfen wir uns Jesus an Weihnachten nicht allein als kleines Kind vorstellen, sondern wir müssen sein ganzes Leben in den Blick nehmen: von der Krippe bis zum Kreuz. Wir müssen und dürfen sehen, wie in diesem Jesus, dem Handwerkersohn aus Nazaret, immer wieder neu das Licht Gottes aufstrahlt – wer etwas von Gott wissen will, darf auf Jesus schauen. Und wir müssen und dürfen sehen, wie in diesem Jesus, dem Mann aus dem Volke Gottes, überreiche Mitmenschlichkeit aufscheint – wer etwas von den Möglichkeiten wissen will, die dem Menschen gegeben sind, darf auf Jesus schauen.

Ich habe, lieber Bruder Martin, das Jahr des Herrn 2016 zu einem Jahr der Barmherzigkeit erklärt. In einem Schreiben – deine Aversion gegen päpstliche Verlautbarungen kenne ich, aber ich bitte dich, lies aufmerksam und ändere vielleicht deine Meinung – zum Beginn dieses heiligen Jahres habe ich das wie folgt ausgedrückt: »Jesus Christus ist das Antlitz der Barmherzigkeit des Vaters. Wer ihn sieht, sieht den Vater, so drückt es das Johannesevangelium aus. Jesus von Nazaret ist es, der durch sein Wort und seine Werke und durch sein ganzes Dasein die Barmherzigkeit Gottes offenbart. Das Geheimnis der Barmherzigkeit gilt es stets neu zu betrachten. Es ist Quelle der Freude, der Gelassenheit und des Friedens.«

Deshalb auch kann ich dir zustimmen, wenn du die Verbindung von »allein Christus« und »allein der Glaube« aufzeigst. Christus ist nur dann bedeutsam, wenn wir ihn in unser Herz einlassen und dann unser Herz öffnen für alle, die an den unterschiedlichen existenziellen Rändern leben, die die moderne Welt in oft dramatischer Weise hervorbringt. Wie viele Wunden gibt es in unserer Welt, wie viele Menschen haben keine Stimme im Konzert der heutigen Welt, wie viel an Gleichgültigkeit erniedrigt andere, wie viel Zynismus zerstört.

Für mich und mein Wirken ist deshalb ganz entscheidend, Christus und den Glauben in der Weise zu verbinden, dass Christus uns Vorbild und Maßstab ist in Werken der Barmherzigkeit. Um deinem Einwand »der Glaube allein« zuvorzukommen, betone ich, dass wir uns sicher nicht unserer Werke rühmen dürfen oder darauf vertrauen können, dass sie uns Heil schaffen. Heil schaffen ist allein Sache des liebenden Gottes. Aber wir brauchen keinen – ich sage es vereinfacht – »weltlosen« Glauben, sondern einen Glauben, der sich in der Welt bewährt – und zwar, nach dem Beispiel Jesu, durch die Barmherzigkeit. Glaubende sollen und können, Jesus folgend, die Barmherzigkeit Gottes in unserer Welt widerspiegeln.

Das ist meine Meinung und das versuche ich auch, in meinem Leben umzusetzen – gegen alle Hindernisse, die sich immer wieder neu auftun. Und vielleicht treffe ich bei dir in diesem Punkt auf Zustimmung.

Das jedenfalls hofft

dein Bruder Franciscus,
Rom

Der Glaube als Antwort

Lieber Bruder Franziskus,

unser Briefwechsel bereitet mir richtig Freude, denn zum einen fühle ich mich in vielen meiner Gedanken bestätigt, zum anderen lässt du mich manches in neuer Deutlichkeit erkennen. So auch bei dem von dir genannten Thema einer Verbindung von Christus und Glaube. Die Barmherzigkeit des Samariters, die Barmherzigkeit im Handeln Jesu, die Barmherzigkeit Gottes, all dies gehört zusammen.

Ich bin gehörig gegen einen »weltlosen Glauben«, so habe ich geschrieben: »Man tut besser daran, wenn man dem Nächsten einen Pfennig gibt, als wenn man Petrus eine goldene Kirche baut. Denn Ersteres ist von Gott geboten, Petrus dagegen ist nicht geboten.« Hinter dieser Formulierung steht natürlich die Erfahrung, dass die päpstlichen Ablassprediger das einfache Volk ausbeuteten, um damit die Ansprüche der Erzbischöfe, vor allem aber den Bau des riesigen Petersdomes in Rom zu finanzieren.

Ich bin ja in Rom gewesen, lief, als ich noch ein toller Heiliger war und den Päpsten untertänigst, durch alle Kirchen und Krypten und glaubte alles, was dort erlogen und erstunken ist. Ich habe in Rom auch die ersten bereits hoch aufragenden Steine des neuen Petersdomes gesehen, der von Papst Julius II. im Jahr 1506 begonnen wurde. Aber es graut mir, wenn ich daran zurückdenke – Rom ist ein Rattennest, so habe ich es zumindest erfahren.

Und meine Kritik gilt dem Bau des Petersdomes, so gewaltig diese neue Kirche auch geworden ist. Doch ist und bleibt sie ein deutliches Exempel der Macht und Pracht des Papsttums und sie hat verheerende Auswirkungen in den deutschen Landen gehabt. Denn das Mönchlein Tetzel und die anderen Ablassprediger haben mit ihren verlogenen Versprechen »Wenn das Geld im Kasten klingt, die Seele in den Himmel springt« die Christenmenschen betrogen und ausgebeutet, damit dieser römische Bau weitergeführt werden konnte. In meinen 95 Thesen von 1517 habe ich geschrieben, und dabei bleibe ich: »Wenn die Münze im Kasten klingt, Gewinn und Habsucht zunimmt.« Und weiter: »Man muss die Christen lehren, dass der Papst, wenn er die Geldeintreibereien der Ablassprediger kennen würde, lieber die Peterskirche zu Asche verfallen lassen soll.« Um es einmal in aller Deutlichkeit zu sagen, ich bin ja für meine klare und manchmal derbe Sprache bekannt: Die Christenheit hat den Bau des Petersdomes teuer bezahlt, zu teuer – nämlich mit der erneuten Spaltung der Christenheit.

An diesem Beispiel, über das ich mich endlos erregen kann, aber wird deutlich, wie ich es im Blick auf den Glauben halte. Denn so habe ich an anderer Stelle geschrieben: »Ein Christenmensch lebt nicht in ihm selbst, sondern in Christus und seinem Nächsten; in Christus durch den Glauben, im Nächsten durch die Liebe. Durch den Glauben fährt er über sich in Gott, aus Gott fährt er wieder unter sich durch die Liebe.«

Es ist also keineswegs so, dass für mich und für die, die mit mir gehen, nur der Glaube gilt, nicht aber die aus dem Glauben sich ergebenden guten Werke der Liebe. Oft wird dies als Gegensatz zwischen unseren und euren Wegen angesehen, christlich zu leben: Ihr die Werke, wir den Glauben. Doch das ist falsch.

Zuerst einmal betone ich, was ich schon im Jahr 1520 in meiner Schrift an meinen Fürst Johann über die guten

Werke geschrieben habe: »Das erste, das höchste, das edelste gute Werk ist der Glaube an Christus.« Und weiter habe ich geschrieben: »Darum kommt die Redensweise, so etliche sagen, wenn wir allein den Glauben predigen, seien gute Werke verboten, gleich der Rede, wie wenn ich zu einem Kranken spräche: ›Hättest du deine Gesundheit, dann hättest du auch alle Gliedmaßen in ihrem Gebrauch; ohne sie führt der Gebrauch aller Glieder zu nichts‹; und er daraus entnehmen wollte, ich hätte den Gebrauch der Gliedmaßen verboten; wo ich doch meinte: Die Gesundheit muss zuvor dasein. Ebenso muss der Glaube Werkmeister und Hauptmann sein in allen Werken oder es ist gar nichts.«

Die Werke also müssen aus dem Glauben erwachsen und nicht umgekehrt in der Weise, dass aus den Werken der Glaube wächst. Deshalb mein »der Glaube allein«. Wenn wir den Glauben haben, brauchen wir kein Gesetz und keine Anweisung, wir werden von selbst gute Werke tun. Wenn es aber keinen Glauben gibt, dann ist den Werken der Kopf abgeschlagen und alles nichts. Wer sich aber seiner Werke rühmt, der hat die Ohren eines Esels!

Der Glaube dagegen öffnet uns für Gott selbst und seinen Willen. Dadurch wird erkennbar, was Gott in uns wirkt: Im Glauben macht uns die Kraft Gottes kräftig; im Glauben macht uns die Weisheit Gottes weise; im Glauben macht uns die Stärke Gottes stark und so weiter. All das aber fehlt, wo kein Glaube ist.

Doch was fordert der Glaube von uns Christenmenschen? In meiner Auslegung des Galaterbriefes habe ich mich dieser Frage gestellt und in einfachen Worten eine Antwort gegeben: »Gott verlangt nichts anderes, als dass ich ihn und nichts anderes zum Gott mache. Das ist die Weisheit aller Weisheiten, die Religion über alle Religionen. Und allein deswegen macht der Glaube einen Menschen gerecht; denn er stattet Gott ab, was er schuldet, und wer das tut, der ist gerecht, der ist aus der Barmherzigkeit Gottes heraus gerechtfertigt vor den Augen Gottes – und dies noch vor allen Werken.«

In einer meiner Tischreden habe ich einmal geäußert, dass der Glaube eines Menschen zugleich sehr schwach ist und doch ein Fels. Er ist ein »Eckstein im Herzen«, an den man sich halten kann. Gewiss, es gibt immer Anfechtungen im Glauben und dies habe ich selbst erfahren – so etwa als ich als junger Mensch bei einer Prozession in Eisleben am Fronleichnamstag in tiefsten Zweifel geriet. Immer wieder habe ich solchen Zweifel in meinem Leben gespürt, oft nicht glauben können, was ich selbst anderen gepredigt habe. Und ich weiß, dass ich täglich um die Mehrung meines Glaubens bitten muss.

Doch ich vertraue auf Christus, dass er mich im Glauben stärkt, dass er mir Halt und Fels ist – nicht das Päpstische in Rom oder die Pfaffen bei uns –, und dass auch und gerade die Schwachen im Glauben zum Reich Christi gehören. Gott selbst spricht durch des Paulus' Mund im zweiten Brief an Korinth: »Lass dir an meiner Gnade genügen; denn meine Kraft ist in den Schwachen mächtig.« Mit Paulus kann ich also sagen: »Darum will ich mich am allerliebsten rühmen meiner Schwachheit, damit die Kraft Christi in mir wohne. Darum bin ich guten Mutes.«

Sei du auch guten Mutes, lieber Bruder Franziskus, und denke stets daran, wer dir in deinem Amt die Kraft zum Glauben, zum Leben, zu guten Werken gibt.

Das wünscht dir

dein Bruder Martin,
Wittenberg

Lieber Bruder Martin,

der Petersdom in Rom ist wirklich gewaltig, er übersteigt jedes menschliche Maß und wird deshalb von manchen nicht als Sinnbild päpstlicher Macht –, das war vielleicht zur Zeit meines Vorgängers Julius II. so – sondern als Ausdruck der den Menschen hoch überragenden Macht Gottes angesehen. Nein, ich möchte diese größte Kirche der Christen nicht in Asche verfallen sehen. Aber dennoch denke ich – und du wirst mir sicher zustimmen –, dass es in der Kirche nicht auf die Steine, und seien es noch so prächtige wie die des Petersdomes, ankommt, sondern auf die Menschen und ihren Glauben. Kirche ist Gemeinschaft, nicht Bauwerk, und es ist schade, dass in deiner deutschen Sprache beides mit dem gleichen Wort bezeichnet wird. Das Volk Gottes ist etwas anderes als das Haus Gottes, zumal dieses eigentlich eher als Haus der Gemeinde zu verstehen ist, denn Gott braucht kein Haus, er umgibt uns mit seiner Liebe überall.

So prachtvoll der Dom in Rom ist, so herrlich mit Kunst ausgestattet, so sehr er Menschen aus allen Völkern anzieht und viele durchaus in ihrem Glauben bestärkt, mir persönlich ist das alles, zudem ja umgeben von den vatikanischen Palästen, zu mächtig, zu prunkvoll. In all dieser Herrlichkeit fühle ich mich auch nicht so wohl. Ich denke, dass Bescheidenheit und Zurückhaltung für Christen die angemessenere Haltung ist, eine Haltung des Dienstes, nicht der Macht, eine Solidarität mit den Armen, nicht mit dem Reichtum und dem Überfluss, eine Hinwendung zum Nächsten, nicht zum riesigen Bauwerk. Ich habe deshalb, um ein Zeichen zu setzen, meinen eigenen Lebensstil in der gleichen bescheidenen Weise beibehalten, wie ich es in Buenos Aires bereits gehalten habe. Nicht im Palast wollte und will ich leben, sondern in zwei einfach eingerichteten Zimmern des vatikanischen Gästehauses St. Martha, das im Jahr 1884 von Papst Leo XIII. eingerichtet wurde und in manchem noch so aussieht wie damals. So wie mein Namenspatron Franz von Assisi den Reichtum seines Vaters verweigerte und sich in die einfache Reisighütte an der Kirche Portiuncula zurückzog, so wollte ich eine vielhundert Jahre alte Tradition zurücklassen und zu dem zurückkehren, was Jesus von seinen Jüngern gefordert hat: »Nehmt keine Vorratstasche mit auf den Weg, kein zweites Hemd, keine Schuhe, keinen Wanderstab, kein Gold, Silber und keine Kupfermünzen.« Und ich lasse mich auch nicht in einem dicken Auto durch die Gegend kutschieren, sondern in einem Kleinwagen – ein Esel wie bei Jesus geht ja angesichts der heutigen Verhältnisse wohl dann doch nicht mehr.

Was du aus deiner Erfahrung – und leider durchaus zu Recht – an Rom kritisierst, das trifft mich und meinen Lebensstil längst nicht mehr. Ich stimme dir voll und ganz zu, dass all das Äußere – hier in Rom und anderswo – völlig nebensächlich ist und manchmal sogar den Glauben und den Weg zum Heil eher verhindert. Kehren wir also um, und zwar jeder Christgläubige, versuchen wir stets neu, das Eigentliche des Evangeliums zu erkennen und zu leben, lassen wir Glauben und Barmherzigkeit unser Leben bestimmen.

Du gebrauchst in deinem Brief eine deutliche Sprache – wie immer – und schimpfst recht kräftig über die römischen Verhältnisse, das »Rattennest«, wie du es nennst. Nun, ich kann ein solches Schimpfen auch, wenn es angebracht ist. So habe ich – und das ausgerechnet in einer Art Weihnachtsansprache – im Jahr 2014 die römische Kurie aufs Schärfste kritisiert. Wenn du dabei gewesen wärest, ich bin sicher, du wärest begeistert gewesen und hättest mir laut applaudiert.

Denn schon im ersten von 15 zu kritisierenden Punkten habe ich das Anliegen der Reformation aufgegriffen und zum Entsetzen der anwesenden Kardinäle, Bischöfe und anderen hohen Würdenträger gesagt: »Eine Kurie, die sich nicht selbst kritisiert, die sich nicht selbst erneuert, die nicht versucht, sich selbst zu verbessern, ist ein kranker Körper.« Das habe ich denen gesagt, die sich doch für die Größten hielten, für unfehlbar und unersetzlich!

Und das war erst der Anfang. Ich warnte deutlich davor, spirituell und geistig abzustumpfen, und nannte es – die klassische Neuschöpfung eines Wortes, solches könnte von dir stammen – »spirituelles Alzheimer«, wenn Leute der Kurie ihr »Zusammentreffen mit dem Herrn« vergessen haben, wenn also das Verwalten und Regieren, das Herrschen und Bestimmen, das über andere Verfügen und immer recht haben die Bindung an Christus und den Glauben ersetzt. Noch viele andere Dinge habe ich in bisher nie gehörter Weise vorgetragen und die Mienen der Anwesenden versteinerten, so sehr fühlten sie sich getroffen. Doch es ist so, manchmal muss man klare Worte finden, um Missstände aufzugreifen, erkenntlich zu machen und dadurch einen Prozess der Umkehr, der Neuorientierung und der Verbesserung zu beschreiten.

Denn das gehört meiner Meinung nach zum Glauben der Christen dazu: Dass wir uns immer wieder neu Gottes Wort und Anforderung stellen, dass wir immer wieder neu dort umkehren, wo wir seinem Willen nicht ausreichend und angemessen entsprochen haben, dass wir unser Herz öffnen für die Liebe Gottes, um so selbst für die Liebe zu unseren Mitmenschen, besonders zu den Armen, bereit zu werden. Das Wort des Evangeliums »Kehrt um!« gilt uns allen und immer wieder neu. Buße darf kein Drohwort und Zwang, sie muss stattdessen als Weg der Erneuerung hin zum Guten der Weg der Kirche sein, die sich auf Jesus, den Christus, beruft.

Wenn dies aber unser Weg ist, dann bleiben wir dabei nicht stehen, sondern der Glaube erfüllt uns mit der übergroßen Freude, dass wir von Gott mit offenen Armen angenommen werden, so wie der gute Vater des Gleichnisses seinen Sohn annimmt, der zu ihm zurückkehrt. Es geht in unserem Glauben um die stets neue Wiederbegegnung mit der Liebe Gottes, so habe ich es in meinem Apostolischen Schreiben über die »Freude des Evangeliums« geschrieben. Und weiter: »Unser volles Menschsein erreichen wir, wenn wir mehr als nur menschlich sind, wenn wir Gott erlauben, uns über uns selbst hinaus zu führen, damit wir zu unserem eigentlicheren Sein gelangen.«

Das ist die eigentliche Freude des Evangeliums: Wir brechen durch den Glauben, durch das Vertrauen auf das Erbarmen Gottes auf und werden, wie Paulus es sagt, zu neuen Menschen, die Christus angezogen haben und die deshalb wie er ein Licht in den vielen Dunkelheiten unserer Welt sein können. Jesus sagt in der Bergpredigt dazu: »Ihr seid das Licht der Welt. So soll euer Licht vor den Menschen leuchten, damit sie eure guten Werke sehen und euren Vater im Himmel preisen.«

So, lieber Bruder Martin, sehe ich den Zusammenhang von Glauben und Liebe, von Gottvertrauen und Werken der Barmherzigkeit; so sehe ich einen Zusammenhang vom Wirken Gottes und vom Wirken der Menschen zum Wohle aller. Was aber gibt uns die Kraft zu einem solchen Leben in und mit Gott zum Wohl unseres Nächsten?

Lass uns vielleicht in einem nächsten Schritt über die Schrift sprechen, die uns Gottes Wort vermittelt und Kraft gibt über alle Maßen. Das wünscht

dein Bruder Franciscus,
Rom

Die Schrift stärkt uns

Lieber Bruder Franziskus,

die Schrift, die uns Gottes Wort vermittelt und Kraft gibt über alle Maßen – das könnte glatt von mir formuliert sein. Denn die Bedeutung der Heiligen Schrift habe ich einmal so beschrieben: »Die Heilige Schrift ist ein solches Buch, das die Weisheit aller anderen Bücher zur Narrheit macht, weil keines vom Ewigen Leben lehrt als dieses allein.«

Ebenso habe ich in meinen Tischgesprächen einen Satz des heiligen Gregor aufgegriffen: »Die Heilige Schrift ist ein Fluss, in dem der Elefant schwimmen muss und ein Lamm zu Fuß gehen kann.« Und damit wollte ich ausdrücken, dass die Gelehrten große Mühe haben, die Bibel zu verstehen, die Kleinen und Geringen aber ein unmittelbares Verständnis von dem haben, was die Aussage der Bibel ist.

Einen dritten Spruch, der auf meinem Mist gewachsen ist, möchte ich dir auch zitieren: »Die Heilige Schrift ist ein wunderbares Kräutlein, je mehr du es reibst, desto mehr duftet es.«

Du siehst, lieber Bruder Franziskus, die Bibel liegt mir am Herzen – und das in herausragender Weise. Denn ich habe mich bereits in meinem Studium intensiv mit der Bibel befasst; 1512 habe ich als Doktor der Theologie in Wittenberg den Lehrstuhl »Lectura in biblia«, also biblische Wissenschaft übernommen und die Psalmen und die Briefe des Apostels Paulus in meinen Vorlesungen behandelt.

Einen neuen Ansatz meiner Beschäftigung mit der Bibel gewann ich in der Zeit, als ich mich als »Junker

Jörg« auf der Wartburg in Eisenach verstecken musste, weil über mich der Bann des Papstes und die Reichsacht verhängt wurden und ich vogelfrei wurde. Diese Zeit meiner körperlichen »Gefangenschaft« habe ich genutzt, um zu einer geistigen Freiheit zu gelangen und mir einen neuen Ansatz zu erarbeiten: In nur gut zwei Monaten, genau in 73 Tagen, übersetzte ich das Neue Testament in die deutsche Sprache. Gewiss, es hat vor mir bereits deutsche Übersetzungen der Bibel gegeben, fast zwanzig waren bekannt. Doch diese gingen vom Text der lateinischen Bibel Vulgata aus, die auf den heiligen Hieronymus zurückgeht und von der Römischen Kirche als verbindlicher Text angesehen wurde – dies wurde im Jahr meines Todes vom Konzil von Trient sogar offiziell bestätigt.

Doch die Vulgata war ja bereits eine Übersetzung. Und jede Übersetzung ist bereits in gewisser Hinsicht eine Umformung. Es ist nicht möglich, in einer anderen Sprache so zu sprechen wie mit der Sprache, in der man geboren und groß geworden ist. Mir aber ging es darum, den wirklichen, den ursprünglichen Sinn der Heiligen Schrift zu erschließen – und dies unabhängig von aller bisherigen Auslegungstradition. So nahm ich den griechischen Urtext des Neuen Testamentes zur Hand, so wie ihn Erasmus von Rotterdam herausgegeben hatte, und gestaltete vom Urtext her eine neue deutsche Bibelübersetzung.

Das aber war dann eine zweite Herausforderung: ein reines und klares Deutsch zu sprechen, das nicht nur die Gelehrten verstehen konnten, nicht nur die gelehrt tuenden Esel der Papisten, sondern ein Deutsch, welches der Mutter im Haus, den Kindern auf der Straße, dem gemeinen Mann auf dem Markt zugänglich ist. Man muss ihnen auf das Maul sehen, wie sie reden, und danach übersetzen, so verstehen sie dann und merken, dass man Deutsch mit ihnen redet. Ich wählte eine kräftige, bilderreiche und oft metaphorische Sprache und ich bin beeindruckt, dass meine Sprachbilder selbst im Deutsch deiner Zeit noch gebraucht werden: »Perlen vor die Säue werfen, auf Sand bauen, Wolf im Schafspelz, einen Denkzettel verpassen« und vieles andere mehr.

1522 ist schließlich mein Neues Testament als Druck erschienen und wurde in wenigen Jahren vielhundertfach nachgedruckt. Mit der Übersetzung des Alten Testaments aus der hebräischen Sprache dauerte es zwölf weitere Jahre, bis ich mit meinen Mitarbeitern die richtigen Worte gesucht, alles eingedeutscht und aufbereitet hatte und wir viele Steine und Klötze aus dem Weg geräumt. Erst 1534 ist die Gesamtausgabe in Wittenberg erschienen: »Biblia, das ist: Die ganze Heilige Schrifft: Deudsch«. In deiner Zeit wird diese meine Übersetzung, nur wenig verändert, die »Lutherbibel« genannt.

Neben diesem Werk, das als mein Hauptwerk gelten kann, habe ich mich stets mit der Auslegung der Bibel beschäftigt und Kommentare zu einzelnen biblischen Büchern aufgeschrieben. Dabei ging es mir darum, nicht in allerlei Allegorien zu verfallen, sondern die Schrift in ihrem einfachen Sinn zu lehren. Denn der Sinn der Schrift ergibt, dass sie Leben, Trost, Kraft, Lehre und Kunst ist; da braucht es keineswegs das Narrenwerk gelehrter Haarspalterei, um dies zu erkennen und den Menschen darzulegen.

Wer die Heilige Schrift hat und darin liest, der bedarf der anderen Bücher nicht mehr. Die Bibel ist der Brunnen der Christen. Auf ihr kann man sicher und gewiss stehen. Und die Übersetzung ins Deutsche hat die Stöcke und Pflöcke aus dem Weg geräumt, sodass die Leute darin ohne Hindernis lesen können. Die Bibel ist das rechte Buch, mit ihr sieht man klarer.

Ich habe mich also, vielleicht mehr als andere, um die Bibel gekümmert. Die Bibel ist wie ein riesiger Baum. Aber daran ist kein einziger Ast, kein Zweiglein, kein Blättlein, daran ich nicht eigenhändig geschüttelt und ein paar Äpfel herabgeklopft habe. Das ist so bei der Bibel, dass man immer etwas Neues darin findet. Ich habe mein ganzes Leben lang in der Bibel gelesen und über die Bibel gepredigt. Doch finde selbst ich noch jeden Tag etwas Neues darin.

Ein Gedanke ist mir noch wichtig: Auch in der Bibel gibt es wichtige und weniger wichtige Bücher. Der Römerbrief ist mir sehr wichtig geworden, der Jakobusbrief dagegen ist eine stroherne Epistel. Doch allen Schriften ist eine Mitte inne, ein Zentrum, auf das alles hin ausgerichtet ist, wie die Speichen eines Rades auf die Nabe ausgerichtet sind. Und diese innere Mitte der ganzen Heiligen Schrift ist Jesus Christus – die ganze Heilige Schrift spricht überall allein von Christus, offen oder verborgen, in klaren Worten oder in bildhafter Rede. Und das ist auch der rechte Prüfstein, mit dem man die biblischen Schriften werten kann: »ob sie Christus treiben oder nicht«.

»Allein die Schrift« – so eine meiner vier Forderungen. Und was bedeutet das konkret? Es bedeutet, lieber Bruder Franziskus, dass wir, die Prediger und Verkünder, mitten in der Bibel sitzen sollen, dass wir unseren Kopf Tag und Nacht in die Bibel stecken sollen. Die ganze Bibel dient allein Christus, dem König. Und sie will uns von Christus her Kraft und Mut, Hoffnung und Zuversicht, Orientierung und Richtungsweisung, Trost und Hilfe geben.

Davon bin ich zutiefst und fest überzeugt, das ist meine Lehre alle Tage

dein Bruder Martin,
Wittenberg

Lieber Bruder Martin,

solch eine beeindruckende Leistung, wie du sie mit deiner Bibelübersetzung geschaffen hast, kann ich nicht vorweisen. Aber natürlich beschäftige ich mich seit meiner Jugend auch mit der Bibel. Und ebenso intensiv wie du nutze ich die Heilige Schrift in Predigt und Verkündigung. Das Evangelium von der Barmherzigkeit Gottes, das in allen Büchern der Bibel enthalten ist, prägt meinen Glauben und mein Leben, es ist eine frohe Botschaft, die mich begleitet und mein Reden und Handeln geformt hat. Und ich stimme dem Satz des Zweiten Vatikanischen Konzils zu, dass das Studium der Bibel gleichsam die »Seele der Theologie« ist.

Mehr noch und dies ebenfalls mit den Worten des Konzils: »Die Kirche hat die Heiligen Schriften immer verehrt wie den Herrenleib selbst, weil sie vom Tisch des Wortes wie des Leibes Christi ohne Unterlass das Brot des Lebens nimmt und den Gläubigen reicht.« Du wirst sicher einwenden, dass die Verantwortlichen in der Kirche deiner Zeit anderes zu tun hatten als das Wort Gottes zu verkünden, waren doch die Erzbischöfe mehr weltliche Herrscher und eher auf Macht und Erhalt ihres Reichtums gesinnt als auf die Verkündigung des Wortes Gottes. Das aber wäre ihre eigentliche und unverzichtbare Aufgabe gewesen. Leider muss ich dir zustimmen, dass es in der Geschichte der Kirche auch eklatantes Fehlverhalten gegeben hat – aber die Heilige Schrift ist dennoch in der Kirche nicht verloren gegangen.

So konnte auch das letzte Konzil in klaren Worten formulieren: »In den Heiligen Schriften zusammen mit der Heiligen Überlieferung sah und sieht die Kirche die höchste Richtschnur ihres Glaubens, weil sie das Wort Gottes selbst unwandelbar vermitteln und in den Worten der Propheten und der Apostel die Stimme des Heiligen Geistes vernehmen lassen.

Ich weiß, dass du diese Zusammenstellung von Schrift und Überlieferung als problematisch ansiehst – auch die Überlieferung und die Auslegungstradition der Kirche über die Jahrhunderte hinweg muss unter der Autorität der Heiligen Schrift stehen. Das ist einerseits sicher richtig, andererseits aber erinnere ich daran, dass die Schrift ja nicht einfach so vom Himmel gefallen ist, sondern die Schriften des Neuen Testamentes sind inmitten der ersten Gemeinden entstanden, also innerhalb einer bereits vorhandenen Kirche und aus ihr heraus. Schrift und Tradition sind also vielschichtiger vernetzt, als dies dein Wort »die Bibel allein« auszudrücken scheint. Aber du als Bibelwissenschaftler wirst die Forschungen zur Entstehung der neutestamentlichen Schriften sicher aufmerksam wahrnehmen.

Im Studium der Bibel und in der Besinnung auf ihre Worte ist mir wie dir Jesus, der Christus Gottes, als zentrale Aussage des Evangeliums, deutlich geworden. Von da aus kann ich dir zustimmen, dass die Mitte der Schrift auf Jesus zielt. Doch möchte ich deiner eindeutigen Aussage einige andere Aspekte hinzufügen:

Zum einen hat die Bibelwissenschaft in den letzten beiden Jahrhunderten, also lange nach deiner Zeit, erhebliche Fortschritte gemacht. Viel besser als früher wissen wir heute von den Entstehungszusammenhängen, von den unterschiedlichen Textsorten der Schriften, von den kulturellen, geografischen, wirtschaftlichen und auch religiösen Zusammenhängen, in die die Verfasser der biblischen Schriften als Kinder ihrer Zeit naturgemäß eingebunden waren. Und das wirkt sich natürlich auf die Auslegung aus – manches Biblische ist allein zeitbedingt und nicht einfachhin auf jede andere zeitliche und kulturelle Situation zu übertragen.

Auch wissen wir heute mehr von der Eigenständigkeit der Hebräischen Bibel der Juden, die ja weithin unserem christlichen Alten, Ersten Testament entspricht. Selbst das Konzil formulierte noch ganz traditionell – und dem würdest du zugestimmt haben: »Gottes Geschichtsplan im Alten Bund zielt vor allem darauf, das Kommen Christi, des Erlösers des Alls, und das Kommen des messianischen Reiches vorzubereiten, prophetisch anzukündigen und in verschiedenen Vorbildern anzuzeigen.« Doch mahnen uns die Theologen und Bibelwissenschafter unserer Zeit eindringlich, die Hebräische Bibel als eigenständige Heilige Schrift anzusehen. Natürlich können wir rückblickend erforschen, welche Aussagen dieser alten Schriften sich mit Christus verbinden lassen – das Matthäusevangelium tut dies beständig mit Formulierungen wie »Es sollte sich (in Christus) erfüllen, was dem Propheten Jesaja gesagt worden war«. Doch hat die Hebräische Bibel auch ihren ganz eigenen Wert ohne diese Ausrichtung.

Deshalb auch würde ich die innere Mitte der Schrift anders bestimmen wollen, als du es tust. Das Grundthema der Bibel ist natürlich Christus, dieser aber eingebettet in einen durchaus größeren Zusammenhang. Ich meine, dass die innere Mitte der ganzen Bibel schwer zu erkunden ist. Denn es gibt darin eine solche Fülle unterschiedlicher, teilweise sich ergänzender, manchmal auch widersprechender Aussagen, dass die Bibel nicht mit einer »Grundfarbe« erscheint, sondern als ein buntes und überreiches »Farbspektrum«. Die Bibel kennt viele Farben! Doch gibt es in all dieser Buntheit und Vielfalt trotzdem ein zentrales Bekenntnis – und dies möchte ich auch dir, lieber Bruder Martin, als innere Mitte vorschlagen:

Für mich ist die übergreifende Aussage der ganzen Bibel die Beziehung von Gott und den Menschen. Die Bibel erzählt von Gott, sammelt Erfahrungen, die Menschen mit Gott gemacht haben, und deutet diese Erfahrungen. Wir finden eine reiche Bildersprache über Gott, sodass die Aussagen der Bibel als riesiges Mosaik, als Gottesmosaik erscheinen. Die Bibel ist also ein Buch über Gott. Zugleich aber ist die Bibel ein Buch über die Menschen, denn sie greift menschliches Leben in allen Bereichen auf, erzählt von Liebe und Glück, von Trauer und Enttäuschung. Die biblischen Gestalten durchleben alle Höhen und Tiefen, die für Menschen denkbar sind. In der Bibel nun werden Aussagen über Gott mit dem menschlichen Leben verbunden, und das macht ihre Relevanz auch für unterschiedliche Zeiten und Kulturen aus. Die Geschichten der Bibel können und sollen zu unseren persönlichen Geschichten werden. Ein (evangelischer) Pfarrer meiner Zeit, Jörg Zink, hat dies so ausgedrückt: »Ich brauche die Bibel, um zu wissen, wohin die Reise mit mir gehen soll.«

Deshalb spreche ich im Blick auf die Bibel nicht von »allein Christus«, sondern in einem geweiteten Rahmen erneut von *solus deus, solus Christus, solus spiritus*, »allein Gott, allein Christus, allein der Geist«. Denn in den Schriften der Bibel zeigt sich der eine und einzige Gott in drei Gesichtern, nicht nur in Christus, sondern auch als der Schöpfer und Erhalter, zudem als der Geist, der alles Leben erhält. Und diese drei zusammen bilden die Frohe Botschaft, das eine und gemeinsame Evangelium aller biblischen Schriften.

Die Bibel also ist eine Textsammlung zur Ehre Gottes und zum Heil der Menschen.

Dies schreibt dir, lieber Bruder Martin,

dein Bruder Franciscus,

Rom

Das Evangelium als Befreiung

Lieber Bruder Franziskus,

die ganze Bibel und das Evangelium, so habe ich es einmal formuliert, ist »nichts anderes als eine Predigt und Geschrei von der Gnade und Barmherzigkeit Gottes«. Natürlich ist auch für mich das »allein Christus« eingebettet in die Botschaft vom alles umgreifenden Gott. Denn allein Gott ist es, der da rechtfertigt, allein die Barmherzigkeit Gottes entspricht seiner Gerechtigkeit und das alles lesen wir in der Bibel, in den Schriften des Neuen Testamentes genauso wie in denen des Alten. Gott ist der Schöpfer und er ist der Erhalter und er ist der Vollender – meines Lebens und auch deines und aller Menschen.

In einem meiner vielen Tischgespräche habe ich dies in ein Bildwort gepackt: »Unser Leben ist wie eine Schifffahrt. Doch der Steuermann unseres Schiffes ist allein Gott, der das Schiff nicht nur erhält, sondern es mitten durch die Stürme und Wellen hindurchführt, dass es sicher und unversehrt zum Hafen gelangt. Solange wir uns an diesen Schiffsherrn halten, kommen wir aus den Wogen dieses Lebens heraus.«

Doch wie steuert der Schiffsherr und Steuermann das Schiff, wie steuert Gott unser Leben? Er tut es vor allem durch sein Wort, das er uns nicht allein ins Ohr bläst, sondern tief in unser Herz legt. Mit seinem Wort gibt er uns die Richtung unseres Lebens kund, mit seinem Wort verweist er auf die Hoffnung des sicheren Hafens, auf den das Schiff unseres Lebens zusteuern kann. Sein Wort gibt uns die Kraft, die Segel unseres Lebens zu setzen.

Und insofern verstehe ich alle Schriften der Bibel –
wiewohl in unterschiedlichem Ausmaß, die Epistel an
die Galater ist gehaltvoller als die Epistel des Jakobus –
als das eine Evangelium, das eine Buch, das rettet. Dieses eine Evangelium ist zweigeteilt in die beiden Testa-
mente, und vielfältig geteilt in die biblischen Schriften,
aber es geht immer um das eine Wort Gottes, um die
eine Botschaft: Gott hält Himmel und Erde in seinen
Händen, deshalb darf ich Vater zu ihm sagen. Die Herrlichkeit des Wortes Gottes aber zeigt sich in Jesus, dem
Christus, deshalb darf ich Herr zu ihm sagen. Gnade
und Erbarmen Gottes aber zeigen sich im Heiligen
Geist, deshalb darf ich Tröster zu ihm sagen.

All das ist »euangelion« oder wie ich es auf Deutsch
genannt habe »gute Botschaft, gute Mär, gute Neuzei-
tung, gut Geschrei, davon man singt, sagt und fröhlich
ist«. Solch Evangelium ist ein frisches, sanftes Lüftchen
in der Sommerhitze, die »Seele des Menschen aber hat
kein anderes Ding, weder im Himmel noch auf der
Erde, worin sie lebt, fromm, frei und Christ ist, als das
heilige Evangelium, das Wort Gottes, von Christus gepredigt«. Wie recht hat doch Matthäus mit seinem Vers,
mit dem er auf Mose zurückgreift: »Der Mensch lebt
nicht vom Brot allein, sondern von einem jeden Wort,
das aus dem Mund Gottes geht.«

Wenngleich auch alles in der Bibel Gottes Wort ist, so
wird doch ebenso alles ausgerichtet auf Christus. Das
Evangelium der ganzen Bibel ist und soll nichts anderes
sein als eine Rede oder Geschichte von Christus: wie er
Gottes Sohn und für uns Mensch geworden, gestorben
und auferstanden und als Herr über alle Dinge gesetzt
worden ist. Damit aber gewinnen wir eine umfassende
Sicht der Bibel.

Dem Evangelium steht das Gesetz gegenüber – das
ist eine Spannung wie zwischen Gott und Teufel. Ich

weiß, dass ich es mit diesem Reden auf die Spitze trei-
be und einen schroffen Gegensatz sehe. Doch lass mich
diesen Punkt näher ausführen: Jeder Mensch, ob Christ
oder Heide, weiß in seinem Herzen darum, was gut
und böse ist. Er weiß von den Grundforderungen, die
jedem Menschen gestellt sind. In der Tora, dem Gesetz
des Mose, sind solche Forderungen in besonderer Deutlichkeit in den Zehn Geboten aufgezeigt. Doch es kommen zu diesen Hauptforderungen, die unverzichtbar
sind, viele weitere Forderungen, Regeln, Gesetzlichkei-
ten, Vorschriften und anderes mehr. Das aber führt das
menschliche Gewissen in die Enge, so notwendig Regeln des Zusammenlebens auch sind. Doch mit seiner
Vernunft und in seinem Herzen und Gewissen erkennt
der Mensch, dass er diesem alles umfassenden Gesetz
nie genügen kann – er bleibt immer fehlbarer Sünder, er
bleibt immer darauf angewiesen, dass ihm seine Geset-
zesübertretungen vergeben werden. Das Gesetz führt
zudem den Menschen in die Irre, weil es ihm vorgau-
kelt, dass er durch eigenes Bemühen, aus eigener Kraft
Heil erlangen kann.

Das Evangelium dagegen führt über das Gesetz hinaus in den weiten Raum der Vergebung, der Barmherzigkeit, der Zuwendung und Liebe Gottes. Nicht das
Gesetz ist Sünde, wohl aber führt das Gesetz den Menschen zur Übertretung und damit zur Sünde, so wie es
Paulus sagt: »Das Gute, das ich will, das tue ich nicht;
sondern das Böse, das ich nicht will, das tue ich.« Das
Evangelium verweist dagegen darauf, dass unser Sinnen nicht auf unsere eigene Kraft zu richten ist, sondern
auf Christus, unser Heil. Und deshalb kann Paulus den
Römern sagen. »Christus ist des Gesetzes Ende; wer
an den glaubt, der ist gerecht«, heißt gerechtfertigt vor
Gott und durch Gott. Wir können uns also – mit unseren von Gott geschenkten Charismen, aber auch mit

unseren Fehlern und Sünden – in die Hände Gottes legen, er befreit uns durch Christus von der Knechtschaft des Gesetzes. Genau dies aber ist der Kern des Evangeliums – die Befreiung durch Gott selbst in Christus. Wer das glaubt, wird gerettet.

Die Gefahr allerdings bleibt, dass Menschen die Befreiung durch das Evangelium nicht ernst genug nehmen und sich wieder vom Gesetz unterjochen lassen. Schon Paulus sah die Gefahr bei den Galatern; ich sehe aber mehr und schrecklicher noch die Sklaverei des Gesetzes, wie sie sich in den letzten Jahrhunderten in der päpstischen Kirche entwickelt und dadurch das Evangelium verfälscht hat. Das Evangelium ist in der Kirche zum Gesetz umfunktioniert worden – eine unheilvolle Entwicklung.

Lieber Bruder Franziskus, ich sehe deine Aufgabe in Rom darin, das Evangelium wieder unverfälscht zur Geltung zu bringen und dadurch die Freiheit der Kinder Gottes neu aufleuchten zu lassen. Zu dieser Freiheit möchte ich dir gerne später mehr schreiben, das ist mir ein wichtiges Thema.

Hier aber schließe ich mit einem Hinweis darauf, dass das hebräische Wort im Alten Testament für »Erbarmen« mit Mutterschoß und Mutterbrust zu tun hat. Deshalb kann ich zu Gottes Erbarmen sagen: »Das Evangelium ist die Mutterbrust und die Bauchhöhle Gottes: Durch das Evangelium gebiert, säugt und hegt er uns.«

Das aber schafft die wahre Freiheit des Christenmenschen, so schreibt dir ein Prediger, der in Christus frei geworden ist, die Frohe Botschaft unverfälscht zu verkünden

dein Bruder Martin,
Wittenberg

Lieber Bruder Martin,

ich muss gestehen, dass mich dein so strenger und unversöhnlicher Gegensatz von Gesetz und Evangelium ein wenig hilflos und ratlos zurücklässt. Ich kann deine – ich nenne es jetzt einfach einmal so, du brauchst ja auch starke Worte – Schwarz-Weiß-Malerei von Gesetz und Evangelium nicht nachvollziehen und verstehe nicht, warum man hier einen solchen Unterschied propagieren muss.

Doch zuerst einmal möchte ich dich loben wegen deines schönes Bildwortes von Gott als dem Steuermann unseres Lebens. Das habe ich selbst oft genug erfahren, dass Gott mich immer neue Wege hat gehen lassen. Sehr treffend finde ich einen Spruch des Dichters Angelus Silesius, eigentlich Johann Scheffler, der 150 Jahre nach dir durch seinen Lebensweg, seine Dichtung und seine theologischen Gedanken gleichsam eine Art Brücke zwischen evangelischen und katholischen Christen sein kann. Er schreibt: »Freund, so du etwas bist, so bleib doch ja nicht stehn. Man muss aus einem Licht fort in das andre gehn.«

Vielleicht betrifft das auch uns beide, dass wir immer wieder nach neuen Ufern Ausschau halten müssen, dass uns tiefe Einschnitte in unseren Weg auf ganz unerwartete Weise voranbringen können, dass wir uns dadurch sogar eine allzu notwendige geistliche und geistige Beweglichkeit erhalten. Und wir dürfen als Christen, die an die Freude des Evangeliums glauben, so mein erstes Schreiben als Papst, darauf vertrauen, dass wir in solchen Lebenswenden vom barmherzigen Gott geführt werden.

Doch zurück zu Gesetz und Evangelium, zu der von dir propagierten Befreiung vom Gesetz durch das Evangelium. Du hast sicher im Blick auf die paulinische Gemeinde in Galatien recht, dass Paulus seine Gemeinde davor warnt, in altes Denken zurückzufallen. Da heißt es doch: »Zur Freiheit hat uns Christus befreit. Bleibt daher fest und lasst euch nicht von Neuem das Joch der Knechtschaft auflegen!« Für Paulus gilt, dass die Einhaltung der jüdischen Ritualgesetze, bei der Beschneidung angefangen bis hin zu Speisegeboten, in keiner Weise für das Heil der Menschen notwendig ist – und damit liegt er richtig. Es gibt in der Tat eine oft genug überbordende Gesetzlichkeit, in der alle möglichen von Menschen gemachten Gesetze und Vorschriften dadurch durchgesetzt werden sollen, dass man sie zum Willen Gottes erklärt (den solche Leute natürlich genau zu kennen glauben). Solcherlei Gesetzlichkeit gab und gibt es leider auch zuhauf in der Kirche. Und solche Gesetzlichkeit sperrt den Glaubenden in der Tat wie in ein Gefängnis ein.

Da kann die Botschaft des Evangeliums von der Barmherzigkeit Gottes, vom Weg und Modell Jesu und von der Hilfe des Geistes eine Befreiung darstellen. Wer das Evangelium als Richtschnur nimmt, für den gelten in der Tat andere Maßstäbe, etwa die der Seligpreisungen der Bergpredigt, wo es nicht auf das Wirken und Schaffen der Menschen ankommt, sondern auf das Geschenk der Barmherzigkeit Gottes.

Aber ist das wirklich so, dass das Gesetz des Mose, dass auch manche Vorschrift des Neuen Testaments, dass vor allem der Dekalog, die Zehn Gebote, das »Zehnwort vom Sinai«, nur ein einengendes und den Menschen unterjochendes Gefängnis darstellen? Führt das Gesetz den Menschen unweigerlich zur Sünde, wie du behauptest? Ist der Mensch ohne die Gnade Gottes wirklich nur so ein erbärmliches Würstchen, das nichts aus eigener Kraft gut machen kann, sondern immer nur der Sünde unterliegt? Ich habe da ganz erhebliche Zweifel. Zum einen verweise ich auf das Verständnis der Schöpfung, wo Gott die Welt gut schafft – und auch die Menschen. Selbst als der Mensch gegen Gottes Willen verstieß, warum auch immer, selbst als er eine Mord- und Totschlaggeschichte anfing von Kain und Abel bis heute, selbst dann ist das doch nur die eine Seite des Menschen. Der Gewaltgeschichte der Menschen, Völker, Kulturen und leider auch der Religionen steht doch immer eine Liebesgeschichte, eine Hilfegeschichte, eine Solidaritätsgeschichte, eine Gutes schaffende Geschichte von Menschen, Völkern, Kulturen und erst recht Religionen gegenüber. Vergiss das bitte nicht, lieber Bruder Martin, und sieh den Menschen nicht schlechter an, als er ist.

Hinzu kommt ein Zweites: Ich verstehe die »Zehn Gebote« ebenso wie manches andere der Bibel, was als Gottes Gesetz daherkommt, keineswegs als unheilvollen Zwang, der den Menschen deshalb zur Verzweiflung über seine eigene Kraft führen muss, weil er solchen Forderungen nie in ausreichendem Maß entsprechen kann. Ich verstehe die Gebote der Bibel vielmehr als hilfreiche Orientierung, als Wegweiser auf dem Weg unseres Lebens, als von Gott geschenkte Regeln, wie das von Gott geschenkte Leben bewahrt und geschützt werden kann. Auch die Gebote können deshalb lebensfördernd sein und keineswegs nur den Tod des Sünders bringen. Natürlich verfehlen wir die Weisung Gottes immer wieder – ich bin ein schwacher Sünder genauso wie du und wie alle Menschen –, aber dennoch führen uns die Gebote auf einen Weg des Guten, des Friedens und eines Zusammenlebens in Sicherheit und Gerechtigkeit für alle.

Durch die Erforschung der Bibel in den letzten beiden Jahrhunderten ist natürlich auch deutlich geworden, dass viele der Gebote der Bibel nicht einfachhin auf andere Zeiten und Kulturen übertragen werden können, weil sie eine konkrete Wegweisung für Israel in einer ganz bestimmten Situation des Volkes waren (übrigens wohl kaum für ein

Volk auf dem Weg in der Wüste, sondern eher für das Volk Israel bereits in seinem Land). Man kann also den Text der Bibel nicht unkritisch auf andere Zeiten übertragen, weder auf deine noch auf meine. Es geht nicht um ein wörtliches Verständnis der Bibel, sondern um ein Verstehen ihrer Grundsätze, ihres tieferen Sinnes und ihrer Bedeutung für heute.

Wenn biblisches Gesetz und biblische Gebote so nicht länger als Weg zur Sünde, sondern als Weg zum Leben verstanden werden, als hilfreiche Orientierung auch für andere Zeiten, dann tut dies der Bedeutung des Evangeliums keinen Abbruch. Das Evangelium von einem Gott der Befreiung, der sein Volk nicht in der Unterdrückung Ägyptens oder Babels gelassen hat, führt auch uns zur Befreiung in jeder Weise. Die sogenannte Befreiungstheologie, die in meinem Heimatkontinent Südamerika in besonderer Weise entwickelt wurde und auf die Befreiung der Armen durch die Botschaft des Evangeliums zielt, gibt ein deutliches Zeugnis von diesem Glauben an einen Gott der Befreiung.

In meinem Schreiben zum Jahr der Barmherzigkeit habe ich gesagt – und damit komme ich deinem Denken wohl entgegen: »Die Barmherzigkeit steht also nicht im Gegensatz zur Gerechtigkeit.« Ich könnte diesen Gedanken auch so ausdrücken: Das Evangelium steht also nicht gegen das Gesetz. Denn beides entspringt der Barmherzigkeit Gottes, der darauf aus ist, uns zu retten, der das Leben will und nicht den Tod.

Doch lass uns auf den Gedanken der Freiheit und Befreiung noch einmal zurückkommen, dies halte ich für wichtig,

dein Bruder Franciscus,
Rom

Von der Freiheit
eines Christenmenschen

Lieber Bruder Franziskus,

Freiheit – damit gibst du mir das richtige Stichwort, das ist es nämlich, was mich von Anfang meines reformatorischen Wirkens an bewegt hat. Freiheit – das ist das Stichwort, an dem sich alles entscheidet, es ist die »Summa christlicher Lehre«, wie es der Freund Melanchthon gesagt hat. Freiheit – dazu habe ich im Jahr des Herrn 1520 eine eigene Schrift geschrieben, die einer zweiten aus dem gleichen Jahr entgegengesetzt ist: Wie die beiden Schalen einer Waage sind diese beiden Schriften zu werten: »Von der babylonischen Gefangenschaft der Kirche« und »Von der Freiheit eines Christenmenschen«. Ging es in der »Gefangenschaft« um das Gefängnis des Gesetzes, in das die Kirche die Christenmenschen einsperrt, so geht es in der »Freiheit« um die Befreiung, die das Evangelium dem Christenmenschen zuspricht. Und dies ist wahrhaft das Höhere, nach dem wir streben sollten – ich tue dies sowieso und du, lieber Bruder Franziskus, solltest es in deiner Kirche auch tun: Befreie die Gläubigen in deiner Kirche zur Freiheit eines Christenmenschen.

Der Anlass der Freiheitsschrift allerdings war ganz anders als man vermuten könnte. Ich wusste zudem, dass der Papst meine Verurteilung bereits unterzeichnet hatte und der verleumderische Papist Johann Eck, die Bannandrohungsbulle *Exsurge Domine* (Erhebe dich, Herr) bald veröffentlichen wollte – als ob sich Gott, der Herr, erheben wollte, um das zu verurteilen, was ich im Evangelium als wahr und recht erkannt hatte.

Der Edle Karl von Miltitz dagegen, päpstlicher Nuntius in Sachsen am Hof meines Fürsten, versuchte mit aller Kraft, den Frieden zu wahren, und bat mich in mehreren Gesprächen, meine Auffassungen doch nicht allein in einer solchen Kampfschrift wie der der »Gefangenschaft« kundzutun, sondern in einem versöhnlicher gestimmten Schreiben, das den Papst vielleicht in seinem Urteil über mich umstimmen könnte. Ich tat dies um des lieben Friedens willen; das Ergebnis ist die Schrift über die Freiheit.

Aber ich tat dies auch gerne, denn ich war fasziniert von der Freiheit, die Christus den Menschen gebracht hat. Mit ihm begann eine neue Zeit, in der nicht mehr die vielen äußeren Werke des Menschen wichtig waren, sondern allein der Glaube, um durch Gottes Barmherzigkeit und Gerechtigkeit gerechtfertigt und zum Heil geführt zu werden. Wie Jesus die Händler und Wechsler aus dem Tempel vertrieb, den ganzen Tempelbetrieb zurückwies, so wie es in Psalm 69 heißt »Der Eifer um dein Haus hat mich gefressen« – so wandte ich mich gegen all die Äußerlichkeiten, gegen das Messe- und Mettenlesen, gegen das Orgeln und Glockenläuten, gegen das Zu-den-Heiligen-Laufen und Wallfahrtenmachen, gegen das Bücken und Kniebeugen, gegen Schätze und Geschmeide, gegen Ablassgeld und Gebühren für Rom. Das alles setzt doch den gläubigen Menschen nur in übergroße Abhängigkeit und Unfreiheit, in die Gefangenschaft und Sklaverei der Werke, die dennoch nichts zum Heil beitragen.

Dagegen aber steht die Freiheit, die geschenkt wird, wenn einer an Christus glaubt. Christus ist die Freiheit von allem Druck des Gesetzes, die Freiheit von allen frommen Leistungen und Werken, die Freiheit von kirchlichen und weltlichen Ordnungen – dann, wenn allein die Liebe bleibt.

Es geht bei der Freiheit des Christenmenschen also keineswegs um die Freiheit zum Sündigen, wie es mir manche vorwerfen. Uns wird die Vergebung der Sünden gelehrt, nicht die Freiheit zu sündigen. Daran hat schon der heilige Petrus in seinem ersten Brief erinnert, wenn er schreibt: »Das ist der Wille Gottes, dass ihr mit guten Taten den unwissenden und törichten Menschen das Maul stopft – als die Freien und nicht als hättet ihr die Freiheit zum Deckmantel der Bosheit, sondern als die Knechte Gottes.«

Wie nun sehe ich die Freiheit? Am Anfang meiner Freiheitsschrift habe ich zwei Sätze aufgestellt, die – darüber freue ich mich – zum geflügelten Wort vieler Christen geworden sind: »Ein Christenmensch ist ein freier Herr über alle Ding und niemand untertan. Ein Christenmensch ist ein dienstbarer Knecht aller Ding und jedermann untertan.« Genau so hat bereits Paulus den Korinthern gegenüber argumentiert: »Denn obwohl ich frei bin von jedermann, habe ich doch mich selbst zum Knecht gemacht, damit ich möglichst viele gewinne.«

Und damit steht Paulus und stehe ich in der Nachfolge Jesu, von dem es im Philipperbriefhymnus heißt: »Christus, der in göttlicher Gestalt war, entäußerte sich selbst und nahm Knechtsgestalt an.« Dies tat er aus Liebe zu den Menschen. Er, der niemandem unterworfen war, wurde zum Diener aller und wusch seinen Jüngern die Füße.

Ein Doppeltes also meint die Freiheit eines Christenmenschen: Sich nichts und niemandem zu unterwerfen, weil jeder Einzelne von uns Kind Gottes ist und deshalb aus dem Inneren heraus eine Freiheit besitzt, die nicht eingeschränkt werden darf. Zum anderen aber ist die Freiheit gemeint, die zur Liebe und zum Dienst am Nächsten bereit wird. Die Freiheit eines Christenmenschen ist die Freiheit *von* allen einengenden und versklavenden Vorschriften, von allem Menschenwerk; und sie ist die Freiheit *zu* Liebe und Hingabe, Dienst und Solidarität. In meinem Kommentar zum Römerbrief habe ich dies in eine prägnante Formel gebracht: »Jeder Tag ist ein Feiertag, jede Speise ist zulässig, jeder Ort ist geheiligt, jede Zeit ist Fastenzeit, jedes Gewand ist gestattet; alles ist freigestellt, nur müssen gewahrt bleiben Bescheidenheit und Liebe.«

Mit freiem und fröhlichem Herzen können Christenmenschen also auf Gott zugehen und ihm vertraun; sie brauchen keine Angst vor Strafe zu haben und auch braucht sie kein schlechtes Gewissen zu treiben. Nicht müssen sie sich gebunden fühlen an Kasteiung und Fasten, nicht an die vielen Äußerlichkeiten, welche die Kirche vorschreibt. Vielmehr müssen sie sich binden allein an Christus, allein an die Gnade Gottes, allein an sein Wort, wie es in der Schrift dargelegt ist, allein an einen tiefen Glauben. So schreibt Paulus im Galaterbrief: »Das ganze Gesetz ist in einem Wort erfüllt, in dem: ›Liebe deinen Nächsten wie dich selbst!‹«

Den Anfang meiner Freiheitsschrift habe ich dir bereits dargelegt, ich erinnere nun noch einmal an das Ende meiner Hauptschrift: »Ein Christenmensch lebt nicht in ihm selbst, sondern in Christus und seinem Nächsten, in Christus durch den Glauben, im Nächsten durch die Liebe.«

Das also ist die rechte, geistliche, christliche Freiheit, die das Herz freimacht von allen Sünden Gesetzen und Geboten. Diese Freiheit übertrifft alles im Himmel und auf Erden – davon bin ich überzeugt.

So schreibt dir

dein Bruder Martin,
Wittenberg

Lieber Bruder Martin,

ich kann durchaus verstehen, dass dir das Wort Freiheit angesichts deiner persönlichen Situation, aber auch angesichts der kirchlichen Zustände der damaligen Zeit in besonderer Weise wichtig wurde. Es gab in der Tat damals ein Übermaß an Äußerlichkeiten. Allerdings meine ich, dass nicht das äußere Tun das Problem ist, sondern der Glaube, dass man durch äußeres Tun das Heil erlangen kann. Eine solche Auffassung hast du zu Recht kritisiert und bekämpft. Du hast ebenso zu Recht immer wieder darauf hingewiesen, dass wir uns allein an die Barmherzigkeit und Gnade Gottes und an seinen Christus zu halten haben, um das Heil zu erlangen.

Doch muss man deshalb noch lange nicht das äußere Tun als »Gefangenschaft« des Christenmenschen abtun. Natürlich gibt es Oberflächlichkeit und stumpfe Gewohnheit, natürlich kann religiöser Betrieb den Blick auf das Evangelium verstellen – vor solchen Gefahren müssen sich Christenmenschen hüten, wenn sie das Wort Gottes ernst nehmen. Doch ist auch zu bedenken, dass der Mensch nicht nur aus Seele oder Geist besteht, sondern auch aus einem Körper. Er will und muss mit allen Sinnen angesprochen werden; dies kann in ihm etwas bewegen, ihn auch zu einer Umkehr und zu einem Neubeginn bereit werden lassen.

Lass mich dies an einem kleinen Beispiel verdeutlichen, welches ich in meinem Schreiben über das Jahr der Barmherzigkeit erwähnt habe. Du kritisierst in aller Schärfe das Wallfahrten und zu den Heiligen rennen, etwa die Wallfahrt zum Heiligen Rock nach Trier. In deiner Schrift »Warnung an die lieben Deutschen« schreibst du im Jahr 1546: »Wie ist man gelaufen zu den Wallfahrten! Was thät allein die neue Bescheißerei zu Trier, mit Christus Rock? Was hat hie der Teufel großen Jahrmarkt gehalten in aller Welt, und so unzählige falsche Wunderzeichen verkauft? Und das noch das Allerärgest ist, dass sie die Leute hiemit verführet und von Christo gezogen haben, auf solche Lügen zu trauen und bauen.« Wenn dies wirklich so wäre, dass man damit die Leute von Christus wegzieht, dann würde selbst ich dein derbes Wort von der »Bescheißerei zu Trier« sofort unterschreiben.

Aber ist es nicht so, dass Wallfahrten Christenmenschen auch zu Christus hinführen können? Für das Heilige Jahr lade ich die Christen zu einer Pilgerfahrt ein, nach Rom oder zu anderen Orten. Dies begründe ich damit, dass »die Pilgerfahrt ein besonderes Zeichen ist, ein Symbol für den Weg, den ein jeder Mensch in seinem Dasein zurückzulegen hat. Das Leben selbst ist eine Pilgerreise und der Mensch ist *viator*, ein Pilger auf der Straße zu dem ersehnten Ziel. Die Pilgerfahrt soll darum Anreiz zur Umkehr sein. Wenn wir die Heilige Pforte durchschreiten, lassen wir uns umarmen von der Barmherzigkeit Gottes und verpflichten uns, barmherzig zu unseren Mitmenschen zu sein, so wie der Vater es zu uns ist.«

Gewiss, solch äußeres Tun ist letztlich nicht entscheidend, aber es kann hilfreich sein. Ein Kreuzzeichen, das ich mit der Hand über mich selbst schlage oder mit dem ich ein Kind bezeichne, ist äußeres Tun, aber ein solches, das den inneren Glauben in einem körperlichen Zeichen ausdrückt und vor der Öffentlichkeit bekennt. Das ist nicht unwichtig. Brauchtum, religiöse Gewohnheiten, Wallfahrten und vieles andere mehr können den Menschen auch halten, ihn erinnern an den Glauben, ihn aufmuntern zu einem Leben aus christlichem Geist, ihn als ganzen Menschen mit Seele und Körper ernst nehmen.

Doch kommen wir zum Thema Befreiung zurück, das ich selbst dir ja vorgeschlagen habe. Es ist beeindruckend, wie sehr du aus den Schriften der Bibel deinen Glauben aufbaust, wie sehr du vor allem die Briefe des Apostel Paulus als Grundlage deines Verständnisses vom Evangelium Christi nimmst. Und in der Tat, auch ich stimme dem Paulus zu, wenn er den Korinthern schreibt: »Wo der Geist des Herrn wirkt, da ist Freiheit.« Deutlicher wird er noch im Galaterbrief, wenn er dort daran erinnert, dass »Gott seinen Sohn gesandt hat, damit er die freikaufe, die unter dem Gesetz stehen«. Und Paulus fügt an, dass Beschneidung und jüdisches Gesetz nicht mehr wichtig sind, denn »in Christus Jesus kommt es darauf an, den Glauben zu haben, der in der Liebe wirksam ist«.

Somit wird – und das ist eine eigenartige Wendung des Galaterbriefes, die dir bei deiner langen Beschäftigung mit diesem Text auch aufgefallen ist – eine Art neues Gesetz geprägt und als Anspruch an den Christen dargelegt: »Einer trage des anderen Last; so werdet ihr das Gesetz Christi erfüllen.« Und Paulus führt aus, dass »die Frucht des Geistes« – ich verstehe dies als das neue Gesetz Jesu – »Liebe, Freude, Friede, Langmut, Freundlichkeit, Güte und Treue ist«.

Einen anderen Gedanken möchte ich dir vortragen: Du siehst die »Freiheit *eines* Christenmenschen« und das ist sicher richtig. Aber was ist mit der »Freiheit *der* Christenmenschen«, wenn man diese Freiheit nicht nur bezogen auf den einzelnen Menschen, das Individuum, sieht, sondern auf die menschliche Gesellschaft, den sozialen Zusammenschluss von Menschen. Ist dein Denken nicht zu sehr individuell-personal ausgerichtet (was natürlich sein muss), aber zu wenig korporativ-sozial (was ebenso sein sollte)? Hat damit dein Verständnis von der Freiheit eines Christenmenschen zwar in aller Deutlichkeit den inneren Menschen im Blick, aber nicht die äußere Verflochtenheit eines Menschen in Staat und Gesellschaft, in sozialen Beziehungen und Gemeinschaft, auch in Kirche und Gemeinde. Natürlich kritisierst du die Gemeinschaft der Kirche, aber immer im Blick auf die innere Freiheit des Einzelnen. Ich glaube, du hast einen guten Anfang mit der Freiheit *eines* Christenmenschen gemacht, bist aber zu kurz gesprungen; es muss die Freiheit *der* Christenmenschen, aber auch aller anderen, ergänzt werden.

Natürlich bist du – wie ich und alle Menschen – ein Kind deiner Zeit. Du hast die Obrigkeit in der Kirche kritisiert – und in vielem durchaus zu Recht –, aber du hast die Obrigkeit des Staates, der Fürsten, hingenommen. Was aber ist, wenn solche staatliche Obrigkeit, wenn die Herren in Wirtschaft und Gesellschaft (und nicht nur in der Kirche) schlecht handeln und ihre Untergebenen einengen – wo bleibt da die Botschaft der Befreiung?

Ich stehe dafür – und das auf dem Hintergrund der lateinamerikanischen Situation, darin bin ich Kind meiner Zeit –, dass die Freiheit eines und der Christenmenschen viel umfassender gesehen werden muss. Und die Kirche muss zum deutlichen und wirksamen Zeichen der Freiheit in jeder menschlichen Gesellschaft werden, muss Befreiung propagieren und im Prozess der Befreiung mitwirken – vielleicht bin ich mit diesen Gedanken »lutherischer« als du selbst. Leider muss ich allerdings auch sagen, dass wir zuerst in der Kirche mit der Freiheit anfangen müssten. Daran hapert es noch erheblich, es gibt auch in der Kirche vielfältige Unfreiheit.

Also, lieber Bruder Martin, sehen wir die Freiheit des Evangeliums, die Freiheit, die Christus uns gebracht hat, die Freiheit, die der befreiende Gott will, in viel umfangreicheren Maß als bisher. Werden wir zu Menschen der Freiheit. Dies wünscht dir und mir und allen

dein Bruder Franciscus,
Rom

Die Gemeinschaft der Freien – die Kirche

Lieber Bruder Franziskus,

vielleicht bin ich wirklich, was die staatliche Obrigkeit angeht, zu sehr Kind meiner Zeit. Die Obrigkeit habe ich nur selten kritisiert – etwa Albrecht von Brandenburg, den mächtigen Erzbischof von Mainz, der gleichzeitig Landesherr, Kurfürst und Erzkanzler des Heiligen Römischen Reiches Deutscher Nation war. Mit meinem eigenen Landesfürst, dem Wettiner Friedrich den Weisen, kam ich überaus gut zurecht. Er hielt seine schützende Hand über mich und bekannte sich – wenn auch erst spät, nämlich auf dem Totenbett – zur reformatorischen Lehre. Ich wollte und brauchte ihn nicht zu kritisieren.

Aber du hast recht, dass man die Freiheit des Evangeliums nicht nur auf den Einzelnen beziehen sollte, sondern auch auf die Gemeinschaften, in denen Menschen leben. Beginnen wir also damit, und zwar bei der Gemeinde Jesu, der Kirche.

Damit ergibt sich aber eine Schwierigkeit im Verständnis des Wortes. Das Wort »Kirche« ist höchst undeutlich, weil es zum einen nicht nur Menschen, sondern zum anderen auch ein Gebäude bezeichnen kann und die meisten wohl das Letztere darunter verstehen. Doch ein steinernes Haus ist natürlich mit dem Begriff Kirche, wie er im Neuen Testament verwendet wird, nicht gemeint.

In meinem Großen Katechismus bin ich dieser Frage nachgegangen und habe verdeutlicht, dass mit dem Wort *ecclesia* nicht das geweihte Gebäude, sondern der darin versammelte Haufen zu verstehen ist; denn wir, die in diesem besonderen Raum zusammenkommen, geben dem Haus nach dem Haufen einen Namen. Somit heißt das Wort »Kirche« eigentlich nichts anderes als »Versammlung«. Deshalb meine ich, dass man statt von der Kirche von einer christlichen Versammlung oder Gemeinde reden sollte, das wäre am allerbesten und am klarsten – eine heilige Christenheit.

Ich glaube also daran, dass es ein christliches, heiliges Volk gibt. Heilig wird dieses Volk genannt, weil es im Namen Gottes zusammenkommt und von ihm geheiligt wird, nicht weil es selbst durch die eigenen Werke »heilig« werden könnte. Ein solches christliches, heiliges Volk sehen wir zuerst in der Gemeinde in Jerusalem, als die Apostel, die Jünger, die Mutter Gottes und viele andere beim Pfingstfest zusammenkommen und der Heilige Geist Gottes sie zu einer neuen Gemeinschaft zusammenbringt, die ausgesandt wird, das Evangelium zu verkünden.

Aber Kirche ist mehr als das christliche, heilige Volk am Anfang zur Zeit der Apostel, die längst tot sind. Kirche meint ein christliches, heiliges Volk durch alle Zeiten hindurch und überall auf der Erden dort, wo Christus lebt, wirkt und regiert. Und genau das ist das Wirken des Heiligen Geistes, so habe ich es in meinem Katechismus erklärt: »Er hat eine besondere Gemeinde in der Welt, die die Mutter ist, die einen jeden Christen zeugt und trägt durch das Wort Gottes. Das offenbart und treibt der Heilige Geist, er erleuchtet und entzündet die Herzen, dass sie es fassen, annehmen, dran hängen und dabei bleiben.« Das Kennzeichen aber dieses heiligen Volkes ist, dass es das Wort Gottes besitzt, verehrt und verkündet.

Wenn vom Volk gesprochen wird, das vom Heiligen Geist zusammengeführt und durch Gottes Wort gestärkt und erleuchtet wird, dann ist damit nicht gemeint, was von den Päpstischen alles als Haupt der Kirche angesehen wird. Denn der Papst ist kein Volk, schon gar kein heiliges und christliches. Auch die Kardinäle, Erzbischöfe, Bischöfe, Kapitulare, Pfarrer und Mönche sind kein Volk, ebenso wenig ein heiliges und christliches, eher ein böses, schändliches. Nur wer recht an Christus glaubt und vom Heiligen Geist erfüllt ist, der ist wahrhaft ein Christ.

So sage ich denn: Es gibt eine wahre und eine falsche Kirche in unserer Zeit. Die falsche Kirche ist die, welche die Vergebung der Sünden den eigenen Verdiensten zuschreibt, die Christus und das Wort Gottes nicht gelten lässt, die diejenigen verfolgt, die anders denken und glauben. Die wahre Kirche dagegen lehrt die Vergebung der Sünden ohne menschliches Verdienst, sie lehrt einen festen Glauben, sie lehrt, das Kreuz des Lebens in Geduld zu tragen. Die falsche Kirche ist prächtig und voller Ruhm und hat ein schönes, großes Ansehen wie einst die gottverlassene Stadt Sodom. Die wahre Kirche dagegen ist ein gar kleines Häuflein, hat nur wenig Ansehen, doch steht sie in Gottes Wahl und ist in Schwachheit stark und kräftig, wie der Apostel geschrieben hat: »Was schwach ist vor der Welt, das hat Gott erwählt, damit er zuschanden mache, was stark ist.«

Das eigentliche Kriterium aber, das die wahre Kirche von der schwachen unterscheidet, ist das Wort Gottes: »Wo Gott redet, da wohnt er.« Oder anders gesagt: »Wo ein christliches, heiliges Volk Gott reden lässt und sein Wort aufnimmt, da ist Gott gegenwärtig, da nimmt er seine Wohnung.« Wort und Taufe konstituieren die wahre Kirche, anderes braucht es nicht. Allein durch das Wort Gottes im Evangelium wird die Kirche gezeugt, geformt, genährt, gestärkt, gerüstet – das Wesen der Kirche besteht allein im Wort Gottes. Das Evangelium steht deshalb auch über der Kirche, die Kirche verfügt und herrscht somit nicht über das Evangelium, sondern ist Dienerin und Verkünderin des Evangeliums. Wegen dieser Unterordnung ist die Kirche nicht heilswichtig, aber trotzdem notwendig, um die Menschen mit der Botschaft des Evangeliums in Verbindung zu bringen. Also gerade nicht »Außerhalb der Kirche gibt es kein Heil«, sondern vielmehr »Außerhalb der Verkündigung der Kirche ist kein Heil zu finden«. Die Kirche ist der Haufe christgläubiger Leute; wenn sie glauben und lehren, dann haben sie Christus gewisslich bei sich.

Weil nun Christus die Freiheit gebracht hat, soll auch dieser Haufe der Christgläubigen, die man die Kirche nennt, eine Gemeinschaft von Freien sein. Wenn du, lieber Bruder Franziskus, in deinem letzten Brief das Gesetz Christi als Liebe, Freude, Frieden und so weiter bezeichnet hast, dann sage ich, dass diese Freiheit des Volkes Gottes, der Christenmenschen, bedeutet, dass wir niemandem gram sind, dass wir keinen Zorn, Hass, Neid oder Rachsucht gegen unseren Nächsten hegen. Vielmehr sollen wir gern vergeben, ausleihen, helfen und raten, dass wir milde, gütig, genügsam und bereit zum Teilen sein müssen.

Das alles ist die wahre Freiheit in der wahren Kirche, das ist Freiheit des Christenmenschen im christlichen, heiligen Volk, das Gottes Wort hört und befolgt. Um diese Freiheit des Volkes Gottes habe ich ein Leben lang gekämpft – tue du, lieber Bruder Franziskus, es in gleicher Weise, werde zum Befreier deiner römischen Kirche!

Dies hofft und ersehnt

dein Bruder Martin,
Wittenberg

Lieber Bruder Martin,

nun setze ich mich schon für die Reform der Kirche ein und für einen Aufbruch, das Evangelium von der Barmherzigkeit Gottes neu zu hören, zu verstehen und zu leben. Vielleicht tue ich dies in anderer Weise, als du es an meiner Stelle tun würdest. Und meine Vorgänger haben dies – bei all ihren beklagenswerten Fehlern – durchaus auch in einer Weise versucht, die sich aus der jeweiligen Zeit ergeben hat. Manchmal empfinde ich deine polemische Sprache von den Päpstischen und vom schändlichen Volk der kirchlichen Amtsträger deshalb als lieblos. So angemessen manche, auch deutliche Kritik an unheiligen Zuständen und an unheiligem Verhalten auch ist, so muss unser Denken, Reden und Handeln doch von der Liebe Christi geprägt sein – dies ist nur als Nebenbemerkung und als Bitte eines Bruders an dich zu verstehen.

Aber was die Sache angeht, so stimme ich dir in vielem zu. Ob man das Wort Kirche in seiner Zweideutigkeit braucht oder nicht, ist dabei allerdings zweitrangig. Wichtiger ist das damit Gemeinte, und das kann man auch anders und vielleicht besser ausdrücken.

So wie es das Zweite Vatikanische Konzil in seiner Konstitution über die Kirche getan hat. Dieser so wichtige Beschluss hatte eine lange Vorgeschichte – so habe ich mir berichten lassen, denn ich selber war damals, in den Jahren 1961 bis 1965, natürlich noch nicht dabei. Die römische Kurie hatte einen Entwurf vorgelegt, der ganz herkömmlich war und die einzelnen Ebenen der kirchlichen Hierarchie nacheinander benannte, vom Papst über die Bischöfe und Priester bis – ganz zum Schluss – zu den Gläubigen.

Doch fand dieser Entwurf heftigen Widerstand, man diskutierte, entwarf neu und am Ende kam ein Kompromiss heraus. Der Vorschlag der Kurie wurde zum dritten Kapitel des nun neu gestalteten Papiers, aber ein Kapitel über die Laien wurde angehängt – und dies ist schon ein erster Hinweis auf ein neues Denken. Denn das Wort »Laien«, das weißt du als Bibelwissenschaftler, kommt vom griechischen *laos*, das »Volk, zum Volk gehörig«. Über Laien hatte zuvor noch nie ein Konzil einen Beschluss gefasst: Nun gab es dieses Kapitel im Kirchenpapier und zudem noch ein eigenes »Dekret über das Apostolat der Laien«, wir sollten auf dieses Thema zurückkommen.

Im Kirchenpapier aber – und das ist an dieser Stelle wichtiger – wurde dem Hierarchiekapitel mit seiner traditionellen Theologie, die dir ein Abscheu ist, ein neues Kapitel vorangestellt, das gleichsam als Überschrift auch das nachfolgende richtig einordnet. Da wird nämlich zum »Volk Gottes« geschrieben. Dies beginnt mit der Formulierung: »Gott hat es aber gefallen, die Menschen nicht einzeln, unabhängig von aller wechselseitigen Verbindung, zu heiligen und zu retten, sondern sie zu einem Volke zu machen, das ihn in Wahrheit anerkennen und ihm in Heiligkeit dienen soll.«

Das Volk Israel ist dabei das Modell, doch durch Christus ist das Volk Gottes zu einem Volk aus Juden *und* Heiden geworden, die im Geiste zu einer Einheit zusammenwachsen sollen. Dieses Volk Gottes, das miteinander auf dem Weg ist, sieht das Konzil als »kleine Herde, die für das ganze Menschengeschlecht die unzerstörbare Keimzelle der Einheit, der Hoffnung und des Heils ist«. Christus, der Herr, aber hat »das neue Volk zu Priestern für Gott gemacht«. Durch die Wiedergeburt der Taufe und durch das Wirken des Heiligen Geistes in ihr werden die Getauften nach den Worten des Petrusbriefes zu einem heiligen Bau und einem heiligen Priestertum. Diese Aussage eines gemeinsamen Priestertums der Gläubigen entspricht nicht nur dem Neuen Testament und damit der Gründungsurkunde der Christen, sondern auch, so glaube ich, deinen Vorstellungen von Kirche, lieber Bruder Martin.

Dabei nennt das Konzil neben dem allgemeinen Priestertum aller auch das besondere Priestertum des Dienstes in der Kirche, beide sind aufeinander zum Wohle aller zugeordnet. Im Volk Gottes sind Dienstämter eingesetzt; die Amtsträger der Kirche stehen im Dienst ihrer Brüder (und Schwestern) – dies hat das Konzil sehr deutlich formuliert. So gesehen stehen die Amtsträger nicht über der Kirche, sondern unter ihr als Diener, die dem Volk Gottes der Zeichenhandlung Jesu entsprechend »die Füße waschen«. Auch mit diesem Gedanken wirst du sicher einverstanden sein.

Das Volk Gottes ist also ein Leitgedanke, den das Konzil ausgearbeitet hat und der immer mehr das Denken, die Verlautbarungen und das Handeln der Kirche heute bestimmen soll. Ich weiß, dass die Entwicklung der römisch-katholischen Kirche nach dem Konzil diese oberste Leitlinie nicht immer befolgt hat; die rückwärtsgerichteten und beharrenden Kräfte waren oft zu stark und hatten zu viel Einfluss.

Unmittelbar vor meiner Wahl zum Papst habe ich dies in einer Rede an die zum Konklave versammelten Kardinäle mehr als deutlich ausgedrückt: »Die uns durch Christus aufgetragene Evangelisierung setzt kühne Redefreiheit voraus, damit die Kirche aus sich selbst herausgeht und an die Ränder gelangt. Wenn sie das nicht tut, dann kreist sie um sich selbst. Die Übel, die sich im Laufe der Zeit in den kirchlichen Institutionen entwickelt haben, haben ihre Wurzeln in dieser Selbstbezogenheit. Eine solche Kirche lebt, damit die einen die anderen beweihräuchern. Ich aber fordere eine Kirche, die aus sich selbst hinausgeht, die das Wort Gottes ehrfürchtig vernimmt und getreu verkündet.«

Lieber Bruder Martin, die heutige römisch-katholische Kirche entspricht schon längst nicht mehr dem, wie du sie zu deiner Zeit erlebt und als belastend erfahren hast. Keineswegs sind wir am Ziel angelangt, aber wir sind – und dies besonders durch das letzte Konzil – ein gutes Stück vorangekommen. Ebenso zeigt auch deine reformatorische Kirche schon längst nicht mehr das Bild deiner Zeit. Auch gibt es außer unseren beiden Richtungen ja noch Christen im Osten in vielfältigen Kirchen, es gibt überall auf der Welt neue Kirchen und Gruppen, die sich dem Evangelium verbunden wissen.

Für uns alle gilt, dass wir unter dem Anspruch des Evangeliums stehen, Volk Gottes auf dem Weg zu sein und uns gegenseitig auf diesem Weg zu raten und zu stützen, denn fest steht: Niemand kommt allein zum Glauben, immer durch andere, die ihn mit der Botschaft Jesu in Berührung bringen. Niemand kommt alleine zur Liebe, sondern immer durch andere, die ihm Vorbild und Maßstab sind. Niemand kommt allein zur Hoffnung, sondern immer durch andere, die ihm eine Perspektive aufzeigen, die über den heutigen Tag, ja über den Tod hinausweisen.

So also, lieber Bruder Martin, machen wir uns doch miteinander als das eine Volk Gottes auf den Weg. Es gibt nach wie vor manche Verschiedenheit zwischen uns, manches davon ist unwichtig, manches kann man so oder so sehen, manches ist auch beklagenswert. Aber dennoch sollten wir das Gemeinsame höher stellen als das Trennende: Ein Gott und ein Glaube, ein Christus und eine Hoffnung, eine Taufe und ein Volk Gottes, eine Liebe im Dienst am Nächsten. Das sage ich, dafür wirke ich

dein Bruder Franciscus,
Rom

Dienst, nicht Herrschaft

Lieber Bruder Franziskus,

du schließt deinen letzten Brief mit dem Wort vom »Dienst am Nächsten«. Und in der Tat ist dies die vorzüglichste Aufgabe eines jeden Christenmenschen. Wir sind von Christus durch sein Wort und Beispiel beauftragt, dem Nächsten zu dienen, ihm in jeder Weise, die uns möglich ist, beizustehen, seine Not zu lindern. Die Zeichenhandlung der Fußwaschung, die Jesus seinen Jüngern gleichsam als sein Testament mit auf den Weg gab, macht dies sichtbar, wenn Jesus im Evangelium des Johannes sein Tun wie folgt erklärt: »Wenn nun ich, euer Herr und Meister, euch die Füße gewaschen habe, so sollt auch ihr euch untereinander die Füße waschen. Ein Beispiel habe ich euch gegeben, damit ihr tut, wie ich euch getan habe.« Und nur wenig später sagt unser Herr den Jüngern: »Ein neues Gebot gebe ich euch, dass ihr euch untereinander liebt, wie ich euch geliebt habe, damit auch ihr einander lieb habt. Daran wird jedermann erkennen, dass ihr meine Jünger seid, wenn ihr Liebe untereinander habt.«

Einen Dienst tun, ein Diener sein – das war die Lebenseinstellung Jesu, die er bis zu seinem Tod durchgehalten hat, ein Dienst aus Liebe zu allen. Und jeder, der sich zu ihm bekennt, soll in gleicher Weise zum Diener aller werden. Das ist unsere Aufgabe und es ist eine schwere Aufgabe. Denn mit dem Wort Dienst hängt das Wort Demut zusammen – »Dienst-Mut«. Ich habe in meiner Bibelübersetzung den Begriff Demut häufig genutzt, um das Verhältnis eines Menschen zu Gott auszudrücken. Wie ein Diener soll sich der Mensch Gott dem Herrn unterstellen. Das Teilwort »Mut« bedeutete allerdings zu meiner Zeit noch nicht das, was ihr damit bezeichnet: Tapferkeit, Kühnheit. Vielmehr war mit diesem Begriff bei uns die Haltung eines starken Strebens und Begehrens gemeint. Kurzum, es ging mir mit diesem Wort darum, dass der Christ sich mit all seiner Kraft, seinem ganzen Willen und Verstand dem einzigen Herrn der Welt unterstellt und ihm dienstbar wird. Aus dem Glauben an Gott heraus wird er zum Diener für Gott, und das geschieht in dieser Welt dadurch, dass man zum Diener aller wird – ich erinnere an meinen Satz: »Ein Christenmensch ist ein dienstbarer Knecht aller Ding und jedermann untertan.«

Diese Haltung des Dienstes und der Demut aber geschieht aus dem Glauben an Gott, den Herrn. Er – und nur er – wird als Herr und Herrscher, als König und Fürst angesehen, ihm allein ist der Glaubende im Gewissen verantwortlich. Natürlich gibt es eine weltliche Obrigkeit, und die ist auch nötig, damit der Friede und das Recht erhalten bleiben. Aber auch die Obrigkeit steht unter dem großen Gott und muss ihr Handeln ihm gegenüber genauso verantworten wie der kleine Bauer.

Doch wie sieht es in unserer Welt wirklich aus? Ich kann das bestätigen, was Jesus bereits in aller Deutlichkeit gesagt hat, denn es ist leider auch das Kennzeichen unserer Zeit geworden: »Ihr wisst, dass die Herrscher ihre Völker niederhalten und die Mächtigen ihnen Gewalt antun. So soll es nicht sein unter euch; sondern wer unter euch groß sein will, der sei euer Diener; und wer unter euch der Erste sein will, der sei euer Knecht, so wie der Menschensohn nicht gekommen ist, dass er sich dienen lasse, sondern dass er diene.«

Nun, das Gesicht unserer Welt sieht so aus: Da gibt es über alle Maßen und ohne Unterlass eitel Krieg, Unfriede, Teuerung, Blutvergießen, Aufruhr, Mord und Jammer in allen Landen und Städten und Dörfern. Da gibt es eine böse Obrigkeit, die tyrannisch handelt, die vom Blut nicht satt wird und in ihrem Leben nicht viel nach Christus fragt. Doch die kann und werde ich nicht unterrichten; mit Welt und Politik, mit Diplomatie und Ränkespiel habe ich nichts zu tun, ich bin Prediger des Wortes Gottes und sonst nichts. Die Tyrannei der Herren der Welt ist ein ander Ding.

Doch sehe ich zu meiner Bestürzung, dass solch gottloses Tun auch die Herren der Kirche betrifft, und hier bin ich dann schon gefragt. In mir wächst die Entrüstung über das, was ich in der Kirche antreffe: Der Geist ist von der Kirche weggenommen, die Kirche liegt am Boden durch die Gewaltherrschaft der Verfügungen, Anordnungen und Erlasse, die die Gläubigen knechten und die Kirche verwüsten. Ich sehe die kirchlichen Herren sich über das Evangelium setzen, ich sehe sie thronen mit Macht und Pracht. Ich sehe Kirchenfürsten und Würdenträger, die noch fast Kinder sind, aber ihre Untertanen in der Kirche durch Strenge und tyrannische Machtausübung in Furcht halten. Sie sollen Gottes Wort predigen und predigen nur ihrem Geldsack. Sie sollen die Seelen regieren durch Barmherzigkeit und unterdrücken durch Hartherzigkeit. Sie schinden und schaben, sie lassen hier einen Bären, da einen Wolf frei. Bei ihnen findet sich kein Recht noch Treue noch Wahrheit. Ihr weltliches und geistliches Regiment ist nichts als Schändlichkeit, die die Kirche immer mehr verwüstet.

Eine böse Obrigkeit – gleich ob in der Welt oder in der Kirche – gleicht einer Dornenhecke, die um einen Garten hochgewachsen ist. Will man an die Äpfel des Gartens, so sticht und kratzt man sich. Das ist des Dornenbusches Art, das ist der bösen Obrigkeit Art. Ich selbst habe so mancherlei Stechen und Kratzen erlebt – durch weltliche Obere, aber vor allem durch Papst, Kardinäle und Bischöfe, die sich als Herrn ansahen über den Glauben und das Volk Gottes, wo sie doch nach dem Wort des Herrn deren unnütze und geringste Diener sein sollten.

Lieber Bruder Franziskus, das waren jetzt wieder einmal klare Worte. Manche würden sagen »typisch Luther«, aber es sind doch Worte, die keineswegs lieblos sind, sondern gerade so gesprochen werden müssen, weil ich die Kirche als christliches und heiliges Volk Gottes liebe. Und wenn du dir deine Kritik an den fünfzehn Krankheiten der römischen Kurie anschaust, siehst du: Du sprichst ebenso offen und tust es wohl ebenso aus Liebe zur Kirche.

Mit dieser Offenheit dienen wir beide wohl dem Volk Gottes, indem wir es zurückweisen auf den Weg des Dienstes und nicht der Herrschaft, auf den Weg der Liebe und nicht der Macht, auf den Weg der Gemeinschaft und nicht der Ausbeutung, auf den Weg der Einheit und nicht der Zerstreuung. Wir dienen dem Volk Gottes, wenn wir Machtmissbrauch und Ausnützung bekämpfen, wo immer wir sie in der Kirche antreffen, du in Rom und ich in Wittenberg.

Dienst, nicht Herrschaft, Demut, nicht Herrschsucht, Liebe, nicht Gewalt – das ist es, was im Volk Gottes gelten muss und für das wir uns einzusetzen haben, jeder an dem Platz, an den ihn Gott gestellt hat. Ich sehe mit Freude, dass du, lieber Bruder Franziskus, in aller Bescheidenheit zum Dienst an den Armen bereit bist. Bleibe so und habe Mut und Demut

dein Bruder Martin,
Wittenberg

Lieber Bruder Martin,

nun hast du mich aber, was kräftige Sprache und Formulierungen betrifft, erwischt! In der Tat, ich rede manchmal mit der gleichen Klarheit und vielleicht durchaus auch andere verletzend. Aber du hast richtig erkannt, dass dies aus der Liebe zur Kirche geschieht. Ich nenne dir ein Beispiel:

In einem Interview mit dem Journalisten Eugenio Scalfari, der für die italienische Zeitung La Repubblica arbeitet, habe ich nicht lange nach meiner Wahl gesagt: »Das eigentliche Problem ist, dass die, die Macht besitzen, von Narzissmus befallen sind, was eine Art geistiger Störung ist. Die Oberhäupter der Kirche waren oft narzisstisch, von Schmeichlern umgeben und von ihren Höflingen zum Üblen angestachelt. Der Hof ist die Lepra des Papsttums.« Und ein wenig später habe ich meine Empörung über Menschen geäußert, die ihren Stand als Kleriker als Machtausübung über die Kirche verstehen. Solche Haltung muss ich von dem, was Jesus gesagt hat und woran du in deinem letzten Brief erinnert hast, zutiefst ablehnen. Deshalb sagte ich: »Wenn ich einen Klerikalen vor mir habe, werde ich auf einen Schlag antiklerikal. Klerikalismus sollte eigentlich nichts mit dem Christentum zu tun haben.«

Die Leute, die so etwas von mir lesen, sagen natürlich auch: »Typisch Franziskus.« Insofern sind wir, lieber Bruder Martin, uns in der Klarheit unserer Worte ähnlich. Wir haben gleichsam eine Art geistiger Verwandtschaft deshalb, weil wir die Herrschsucht in der Kirche erkennen und mit unseren Worten bekämpfen.

Doch zu dem von dir behandelten Thema »Dienst statt Herrschaft«. Ich weiß, dass in der Kirche ein hierarchisches Denken über die Jahrhunderte gewachsen ist, das mit dem Wort Jesu und dem Beispiel der ersten Gemeinden nichts zu tun hat. Ich weiß auch, dass es ein überbordendes kirchliches Gesetzbuch aus dem Jahr 1983 gibt, welches manchen Hofbeamten der Kurie wichtiger ist als das Evangelium der Barmherzigkeit. Im Codex des kanonischen Rechtes wird zwar vom Volk Gottes gesprochen, aber nur kurz, und dann wird sofort zwischen Klerikern und Laien unterschieden. Es folgen Aussagen über die hierarchische Verfassung der Kirche, über Papst, römische Kurie, die Nuntien als päpstliche Gesandte, die Bischöfe und Metropoliten, die Diözesankurie mit ihrem Generalvikar, die Pfarrer, Dechanten, Kirchenrektoren und Kapläne – also ganz viel über Rangordnung und Machtausübung. Nichts aber ist leider im kirchlichen Gesetzbuch zu finden über Evangelium, über Barmherzigkeit und über Dienst am Menschen.

Alles in allem sehe ich mit tiefer Bestürzung eine *Kirche der Macht* und der Unterordnung, des Zwangs und der daraus erwachsenden Angst, der Rangordnung und des Karrierestrebens, der schön erscheinenden Titel und bunten Gewänder, der Orden und Ehrungen. Doch ich frage mich immer: Wo bleibt dabei Jesus, der für die Armen da war? Wo bleibt da der Dienst an den Armen, der den Christen aufgetragen ist? Wo bleibt da die eigenständige und durch keine Rangordnung zu ersetzende Würde des christlichen Volkes? Wo bleibt die Freiheit der Christenmenschen, wie du, lieber Bruder Martin, es nennst?

Wir müssen zurückkehren zu einer *Kirche des Dienstes*, die für die Menschen da ist und wo nicht umgekehrt die Menschen für die Kirche da sein müssen. Wir müssen umkehren zu einer Kirche der Demut, um dein Wort aufzugreifen, die den Mut hat, diesen Dienst auch unter schwierigsten Bedingungen auszuüben. Wir müssen umkehren von einer Kirche der Mächtigen zu einer Kirche der Ohnmächtigen, der Geringen, der Menschen am Rand. Zu den Rändern unserer Gesellschaft, zu den Notleidenden und Geschundenen, zu denen, die niemanden an ihrer Seite haben, dorthin muss die Kirche gehen.

Ich habe diesen Weg nicht nur als Bischof in Argentinien, sondern auch als Papst stets neu versucht, bin zur Flüchtlingsinsel Lampedusa gefahren, habe mich in den Slums von Brasilien »herumgetrieben« und habe die Gründonnerstagsliturgie nicht im pracht- und machtvollen Petersdom gehalten und dort auserwählten Klerikern die Füße gewaschen, sondern Gefangenen in der Kapelle ihres Gefängnisses. Und wie hat man mich anschließend beschimpft, weil ich diesen armseligen Gefangenen, darunter auch Frauen und sogar einer Muslima, die Füße gewaschen habe als Zeichen meines Dienstes an den Menschen an den Rändern der Gesellschaft.

»Demut« – so hat es einmal der in unserer Zeit sehr verehrte Inder Mahatma Gandhi gesagt – »bedeutet beharrliches Mühen im Dienst an der Menschheit«. In diesem Sinne will ich selbst demütig sein und ich will meine Mitarbeiter im Volk Gottes – gleich ob hier in der römischen Kurie oder überall auf der Welt – zu solcher Demut aus christlichem Geist anhalten. »Diener der Freude sollen sie sein, nicht Herren über den Glauben«; in der Weise hat es Paulus in seinem zweiten Brief an die Gemeinde in Korinth geschrieben.

Auf das Thema eines Dienstes der Kirche an den Menschen bin ich in meinem schon mehrfach erwähnten Schreiben über die »Freude des Evangeliums« eingegangen: Das Evangelium ist eine Einladung, sich von Gott lieben zu lassen. Das aber verursacht eine grundlegende Reaktion: dass der Glaubende nunmehr das »Wohl der anderen wünscht und anstrebt als etwas, das ihm am Herzen liegt«. Ich sehe eine unlösbare Verbindung zwischen dem Evangelium und einer wirklichen Bruderliebe. Das aber bedeutet für jeden einzelnen Glaubenden, mehr aber noch für alle, die Verantwortung im Volk Gottes haben, dass sie aus sich heraus auf die Mitmenschen zugehen. Nichts anderes darf und kann die angemessene Antwort auf Gottes Geschenk seiner Barmherzigkeit sein. Aus diesem Grund, so habe ich weiter geschrieben, »ist auch der Dienst der Liebe ein konstitutives Element der kirchlichen Sendung und unverzichtbarer Ausdruck ihres eigenen Wesens«. Die Kirche ist missionarisch, auf den Menschen hin ausgerichtet, und daraus »entspringt zwangsläufig die wirkliche Nächstenliebe, das Mitgefühl, das versteht, beisteht und fördert«.

Du siehst, lieber Bruder Martin, in unserer Zielsetzung, was Kirche als Volk Gottes sein soll, sind wir uns schnell einig: Nicht Herrschaft über andere darf das Ziel sein, sondern der Dienst der Freude, nicht Ober- und Unterordnung, sondern Geschwisterlichkeit. Ich weiß, dass du den Jakobusbrief des Neuen Testaments nicht magst, weil er dir zu sehr nach Werken, nicht nach Glauben riecht. Doch möchte ich einen Vers aus diesem Brief, dieser, wie du sagst, »strohernen Epistel«, anfügen, die vielleicht deine Meinung korrigieren kann: »Hört das Wort nicht nur an, sondern handelt danach. Ein reiner und makelloser Dienst vor Gott, dem Vater, besteht darin: für Waisen und Witwen zu sorgen, wenn sie in Not sind.« Solches aus dem Glauben heraus zu tun – das ist die Freude des Evangeliums, das hilft uns weiter auf dem Weg, das ist die Aufgabe der Kirche allezeit.

Dies schreibt dir in einer tiefen Verbundenheit über die Jahrhunderte hinweg

dein Bruder Franciscus,
Rom

Laien und Dienstämter

Lieber Bruder Martin,

noch bevor du mir antworten konntest, schreibe ich dir einen zweiten Brief, der unmittelbar an den letzten anknüpfen möchte. Ich freue mich dann, von dir zu beiden Briefen eine Antwort zu erhalten.

Wenn die Kirche also den Dienst als ihren innersten Kern hat, den Dienst unter Gott und den Dienst am Nächsten, dann ist das gleichsam eine Überschrift über alles in der Kirche, die genauer ausgeführt werden muss. Ein kluger Kirchenmann meiner Zeit hat einmal gesagt: »Wenn die Kirche nicht dient, dann dient sie zu nichts.« In meinem Schreiben zum Jahr der Barmherzigkeit habe ich ausgeführt: »Die Kirche hat den Auftrag, die Barmherzigkeit Gottes, das pulsierende Herz des Evangeliums, zu verkünden. Durch sie soll die Barmherzigkeit das Herz und den Verstand der Menschen erreichen. Die Kirche geht allen entgegen und schließt keinen aus. Es ist entscheidend für die Kirche und für die Glaubwürdigkeit ihrer Verkündigung, dass sie in erster Person die Barmherzigkeit lebt und bezeugt! Die Kirche macht sich zur Dienerin und Vermittlerin der Liebe Christi.«

Lieber Bruder Martin, ich bedaure deshalb jedes unbarmherzige Verhalten der Kirche sehr, auch das, das dich damals betroffen hat. Ich selbst verurteile nicht – wer bin ich, dass ich jemanden verurteilen könnte –, sondern ich versuche zu integrieren, einzuladen, Menschen zur Gemeinschaft mit Christus und untereinander zu führen. Das ist mein Dienst, der mir mit meinem großen Amt übertragen wurde: Diener der Einheit aller zu werden. Darüber aber später mehr.

Das ist mein Dienst, was aber ist mit den anderen Diensten, den Dienstämtern in der Kirche? Und was ist mit dem Volk Gottes, in das diese Dienstämter integriert sind und für welches sie sich mit ganzer Kraft einsetzen sollen, wenn sie ihrem Auftrag gerecht werden?

Ich hatte in meinem Brief zur Kirche als einer Gemeinschaft der Freien bereits den Begriff *laos* – das Volk – erwähnt, von dem sich der Begriff der Laien ableitet. Aber anders als es leider der heutige Sprachgebrauch vermuten lässt, ist Laie innerhalb der Kirche kein abwertender Ausdruck (wiewohl er manchmal von kirchlichen Amtsträgern durchaus abwertend so genutzt wird: »nur Laien«). Er meint innerhalb der Kirche auch niemanden, der keine Fachkenntnisse in einem bestimmten Gebiet hat, so wie man bei uns sagt: »Auf dem oder dem Gebiet bin ich Laie.« Seit dem Mittelalter, das weiß ich, wurde das Wort Laie innerhalb und außerhalb der Kirche mit »ungebildet« gleichgesetzt. Aber, so muss ich fragen, kommt es denn auf eine umfangreiche Bildung an, auf ein reiches Fachwissen an theologischen Thesen und Sentenzen, auf den Verstand, um als Laie im christlichen Volk zu leben und das Evangelium aufzunehmen und zu befolgen?

Hier wirst du mir mit den Worten des Apostels Paulus zustimmen: »Das Schwache in der Welt hat Gott erwählt, um das Starke zuschanden zu machen.« Es geht nicht um die Frage der Bildung und der Kenntnisse. Mehr noch: Zuerst einmal sind wir alle, Papst und Bauer, Bischof und Magd, Greis und Säugling, nichts anderes als Laien – Glieder des Volkes Gottes. Nicht Ungebildete, nicht passive Zuschauer, nicht Nichteingeweihte, wie in der Zeit der Antike die Mysterienreligionen Eingeweihte und Nichteingeweihte trennten, sondern wir alle haben »Christus angezogen«, sind mit ihm bekleidet, so wie in den Mysterienspielen der Antike die neu Eingeweihten mit dem Mantel der Mysteriengottheit bekleidet wurden. Wir aber tragen den Mantel

Christi durch unsere Taufe und durch die Taufe sind alle in der Kirche, gleich welches Amt sie ausüben, gleichwertig und gleich vor Gott, unser aller Vater. Dass wir alle Laien sind – das muss in der Kirche Vorrang haben.

Das Zweite Vatikanische Konzil hat dies so ausgedrückt: »Alle Christgläubigen sind durch die Taufe Christus einverleibt, zum Volk Gottes gemacht und des priesterlichen, prophetischen und königlichen Amtes Christi auf ihre Weise teilhaftig, zu ihrem Teil die Sendung des ganzen christlichen Volkes in der Kirche und in der Welt auszuüben.« Die Laien sollen in ihrer Sendung an der Verkündigung des Evangeliums teilhaben. Deshalb heißt es weiter: »Der Apostolat der Laien ist Teilnahme an der Heilssendung der Kirche selbst. Zu diesem Apostolat werden alle vom Herrn selbst durch Taufe und Firmung bestellt.« Und schließlich formuliert das Konzil, und dem fühle ich mich, lieber Bruder Martin, verpflichtet: »Wenn also in der Kirche nicht alle denselben Weg gehen, so sind doch alle zur Heiligkeit berufen. Unter allen waltet eine wahre Gleichheit in der allen Gläubigen gemeinsamen Würde und Tätigkeit zum Aufbau des Leibes Christi.«

Wenn wir also alle Laien sind, wenn die Laien berufen sind, das Evangelium weiterzutragen, wenn alle »eine königliche Priesterschaft« sind, wie es der Apostel Petrus sagt – was aber ist dann mit den Amtsträgern der Kirche, mit den vielfältigen und vielgestaltigen Dienstämtern in der Kirche? Was ist mit Papst und Bischöfen, mit Priestern und Diakonen? Gibt es das eine Volk Gottes oder nicht doch mehr Rechte für die einen?

Ich möchte auf den von uns beiden geschätzten Paulus zurückgreifen. Er beschreibt in einer Bildrede vom Leib und den vielen Gliedern, die alle unterschiedliche Aufgaben haben, die unterschiedlichen Charismen, die den Menschen vom Geist Gottes gegeben werden. Durch die Taufe werden alle diesem Leib des Volkes Gottes eingegliedert – das führt auch das Konzil in seinem Beschluss über die Kirche am Anfang dieses Papiers auf. Doch sind in der Kirche unterschiedliche Dienste notwendig, damit sie ihr Werk der Evangelisation vollbringen kann. Eine Fülle von Aufgaben wird auf eine Fülle von Menschen verteilt – so war es bei Paulus und so ist es auch heute. Für diese Ämter wird den dazu Berufenen in besonderer Weise der Geist Gottes zugesprochen – genau dies wird im Sakrament der Weihe zum Diakon, Priester, Bischof zeichenhaft ausgedrückt.

Du, lieber Bruder Martin, verstehst als Sakramente der Kirche nur Taufe und Abendmahl, mit Einschränkung die Beichte. Wir haben in der römisch-katholischen Kirche einen weiteren Sakramentenbegriff. Im Mittelalter wurden sogar noch mehr Sakramente als die sieben gezählt, die für uns heute wichtig sind. Aber wir verstehen die Weihe auch als Sakrament, als sichtbares Zeichen der verborgenen Heilswirklichkeit Gottes. Die Leitungsämter in der Kirche, gleich ob durch Geweihte oder durch Laien ausgeübt, auch das gibt es in manchen Leitungsaufgaben, haben immer – und darin sind wir uns trotz eines anderen Verständnisses von Sakrament und Amt einig – Dienstämter zu sein, haben den unverzichtbaren Auftrag, für die Menschen und zu ihrem Heil bestimmt zu sein.

So gesehen ist das Amt in das Volk Gottes integriert, steht das Amt nicht gegen die Laien; vielmehr wirken alle auf ihre je unterschiedliche Weise am Auftrag der Kirche mit. Kannst du mir in diesem Punkt folgen, lieber Bruder Martin? Dies fragt

dein Bruder Franciscus,
Rom

Lieber Bruder Franziskus,

in der Tat sind wir uns, was unser Verständnis von Sakrament und Amt angeht, nicht einig. Dies ist vielmehr aus meiner Sicht der größte Unterschied in unserem Denken, so viel anderes wir auch an Gemeinsamkeit haben. Was die Sakramente betrifft, so weiß ich nicht, ob wir unbedingt zu einer Einheit finden müssen, denn du erwähntest ja schon, dass es im Mittelalter ein noch weiteres Verständnis des Sakramentes gab, als ihr heute habt. Kann es im christlichen, heiligen Volk, das wir Kirche nennen, nicht unterschiedliche Auffassungen zu Fragen geben, wenn im Grundsatz des Glaubens Einigkeit besteht?

Dass du in aller Klarheit die Ämter in der Kirche, vor allem in deiner Kirche, als Dienstämter verstehst, die allein zum Wohl des Volkes Gottes und nicht zum eigenen Wohl tätig sein dürfen, freut mich ungemein und wundert mich doch zugleich. Denn es war ja in meiner Zeit so anders – ich habe die Kirche schlechter kennengelernt: nicht als dienende, sondern als herrschende Kirche. Und das war der Ausgangspunkt meiner sicherlich scharfen Kritik – das Streben der Herren in der Kirche nach Macht und Geld, nach Herrschaft und eigenem Wohlstand, nach Ruhm und Ehre. Auch die Geldschinderei der Ablassprediger diente doch keinem anderen Zweck, als den Ruhm des Papstes durch den Bau des gewaltigen Petersdomes zu fördern – für mich war das alles ein Gräuel vor dem Herrn.

So erhob ich laut meine Stimme. Wie sintemalen die Posaunen vor Jericho die Mauern der Stadt umwarfen, so wollte ich die strohernen und papiernen Mauern des Kirchenregiments umblasen, damit wir uns bessern und Gottes Huld wiedererlangen.

Die erste Mauer, die ich angriff, war der geistliche Stand von Papst, Bischof, Priester, Klostervolk mit all ihrem Pomp und Gepränge, das die Leute in Angst und Schrecken versetzte. Das tat ich aber nicht des Streites und meines eigenen Ruhmes willen, sondern weil ich aus dem langen Studium der Schrift erkannt hatte, dass alle Christen wahrhaft geistlichen Standes sind. Unter ihnen ist kein Unterschied, denn durch eine Taufe, ein Evangelium und einen Glauben sind wir alle gleiche Christen. Nur diese drei formen ein geistliches Christenvolk. Du hast recht, wenn du auf den Korintherbrief mit dem Sprachbild des Paulus vom Leib und seinen vielen Gliedern verweist. Alle Glieder, trotz ihrer unterschiedlichen Aufgaben, sind dazu bestimmt, zum Wohle des Ganzen beizutragen, jeder soll auf seine Weise den anderen dienen.

Zu solchem Dienst braucht es aber keine Weihe, keine Salbung, kein Plattenmachen bei der Tonsur der Mönche, keine andere Kleidung, die sich von den Laien absetzt. All dies macht den so Gekleideten nur zu einem närrischen Ölgötzen. Denn die höchste Weihe, die denkbar ist, haben wir alle bereits empfangen in der Taufe, andere Weihen bringen nichts Neues hinzu. Allein durch die Taufe werden wir alle zu Priestern geweiht, wie es Sankt Peter in dem Vers sagt, den du auch vor Augen hast: »Ihr aber seid das auserwählte Geschlecht, die königliche Priesterschaft, das heilige Volk, das Volk des Eigentums [Gottes], dass ihr verkündigen sollt die Wohltaten dessen, der euch berufen hat von der Finsternis zu seinem wunderbaren Licht.« Und in der Offenbarung des Johannes heißt es am Anfang: »Christus hat uns zu Königen und Priestern gemacht vor Gott, seinem Vater.« Und am Ende fügt die Offenbarung über die Berufenen hinzu: »Sie werden Priester Gottes und Christi sein und mit ihm regieren tausend Jahre.«

Im christlichen, heiligen Volk geht es nicht um hergelaufene und vom Volk abgesonderte Pharisäer, sondern immer um den ganzen Haufen, das ganze christliche Volk. Es geht nicht um den Einzelnen, der herrscht, sondern um die Gemeinschaft, in der alle Brüder und Schwestern sind, nicht um den Amtsträger, der allein entscheidet, sondern um den gemeinsamen Glauben: Das alles kannst du dem Gebet entnehmen, das man das wichtigste unter den Christen nennt: das Vaterunser. In meiner Auslegung dieses Gebets habe ich geschrieben: »Darin hat Christus gelehrt, das jeder beten soll ›Unser Vater‹ und nicht ›mein Vater‹. Jeder soll beten ›Unser täglich Brot‹, nicht ›mein täglich Brot‹ und so fort.« Wir alle stehen miteinander im Gebet vor Gott und vor Christus, da hat niemand eine Sonderrolle und Bevorteilung.

Und wiederum heißt es bei Matthäus: »Sündigt dein Bruder, so geh und weise ihn zurecht. Hört er nicht auf dich, nimm noch einen oder zwei mit dir. Hört er auf die nicht, so sage es der Gemeinde.« Hier wird doch jedem Glied der Kirche – ohne jede besondere Weihe – befohlen, für den anderen zu sorgen. Auch gibt es, um ein anderes Beispiel aufzuführen, in der Schrift keinen Grund, dass nur der Papst ein Konzil einberufen darf. Zum einen wird in der Bibel nirgendwo ein Papst erwähnt, das Papsttum ist eine Einrichtung späterer Zeiten. Zum anderen aber erzählt die Apostelgeschichte, dass nicht Sankt Peter das erste Konzil einberufen hat, sondern alle Apostel und die Ältesten zusammen. Und nach dem Konzil heißt es sogar, dass »die Apostel und Ältesten samt der ganzen Gemeinde einen Beschluss fassten«. Also nicht Amt, nicht Papst, nicht Bischof, nicht Pfaffe oder Mönchlein trafen die Entscheidungen über Wohl oder Wehe der Kirche, sondern die ganze Gemeinde, das einig christlich Volk. So ging es dann auch weiter, das große Konzil von Nizäa wurde nicht vom Bischof von Rom berufen oder bestätigt, sondern von Kaiser Konstantin, und nach ihm haben dies auch andere Kaiser mit anderen Konzilien getan. Erst später, im Mittelalter, haben die Päpste Konzilien einberufen, aber wenn ich mir ansehe, was dabei herausgekommen ist, so finde ich nichts Besonderes.

Deshalb und aus vielen anderen Gründen halte ich dafür, dass nicht die Ämter der Kirche zu entscheiden haben, wo es mit der Kirche hinführt. Vielmehr ist das ganze christliche Volk durch die Taufe berufen, über den Weg der Kirche mitzuentscheiden und danach am gemeinsamen Werk mitzuwirken. Welchen Nutzen aber haben dann Kardinäle und Prälaten und all die anderen kirchlichen Titel zuhauf? Sie sind zu nichts nutze außer zur Verelendung des Volkes Gottes.

Das ist wieder einmal richtig lutherisch gesprochen, nämlich in aller Klarheit und ohne Missverständnis. Und damit bist du noch einmal vor die Frage gestellt, was von deinem Amt als Bischof von Rom, oder wie ihr Katholischen sagt, als Papst der Weltkirche zu halten ist? Wie siehst du deine Aufgabe, lieber Bruder Franziskus? Bist du – um es, wie bei mir üblich, scharf zu formulieren – Christ oder Antichrist?

Ich bin auf deine Antwort gespannt und hoffe, dass du – anders als die Päpste meiner Zeit – mein Anliegen ernst nimmst

dein Bruder Martin,
Wittenberg

Und der Papst in Rom?

Lieber Bruder Martin,

ich erkenne bei dir tiefe Verletzungen, sobald es um den Papst geht. Das macht mich traurig, weil ich mich auch in meiner eigenen Person angesprochen fühle, obwohl ich für das Handeln meiner Vorgänger in deiner Zeit nichts kann und sicher auch anders, vor allem versöhnlicher und nicht verurteilend, gehandelt hätte. Aber jeder ist Kind seiner Zeit und Kultur und was damals gewesen wäre, weiß ich nicht. Du musst in deinem Innersten getroffen sein durch den Konflikt mit Rom, durch den Bann und die Reichsacht, durch vielerlei Streitereien und Disputationen. Wahrscheinlich bist du aber auch deshalb so tief getroffen, weil es dir im Innersten um die Klarheit und Wahrheit des Evangeliums gegangen ist, dessen Leuchtkraft du gegen alle Verfälschung und Verderbnis wiederherstellen wolltest. Wenn dies zutrifft, dann kann ich dein scharfes Reden über den Papst einordnen und das lässt mich in der Tat prüfen, wie ich selbst zu diesem meinem Amt stehe und wie ich es ausüben will.

Fangen wir beim Titel an: Es gibt im vatikanischen Hofzeremoniell, welches den Hofzeremoniellen antiker und mittelalterlicher Herrscher nachgebildet ist und das damit per se nichts mit dem Evangelium Jesu zu tun hat, eine Fülle von Papsttiteln. Schon das Wort Papst vom lateinischen *papa*, gleich Vater, Papa ist deshalb fragwürdig, weil Jesus doch sehr eindeutig gesagt hat: »Ihr sollt niemanden auf Erden euren Vater nennen; denn nur einer ist euer Vater, der im Himmel.« Deshalb ist mir die Anrede Bruder, wie du sie auch gebrauchst, viel lieber – wir alle sind Brüder und Schwestern im Geiste Jesu.

Was die anderen Titel betrifft – nun »Bischof von Rom«, das stimmt; aber mit manchen anderen habe ich Probleme, etwa: »Stellvertreter Jesu Christi« – mir viel zu hoch, »Nachfolger des Apostelfürsten Petrus« – war dieser ein Fürst?, »Primas von Italien« – das geht, »Souverän des Staates der Vatikanstadt« – bin ich denn ein weltlicher Herrscher? So bleibe ich lieber bei »Bruder« und bei zwei weiteren Titeln, die ich schön finde, weil sie meine Aufgabe umschreiben: *servus servorum Dei* – »Diener der Diener Gottes« und *pontifex maximus* – »Oberster Brückenbauer«. Darin finde ich mich wieder. Ich habe dir in einem anderen Brief bereits geschrieben, was das Ziel ist, das mir mit meinem großen Amt übertragen wurde: Dienst, Diener der Einheit aller zu sein. Dies aber kann nur geschehen durch Brückenbauen zueinander, damit alles Trennende überwunden wird.

Damit mir dies möglich ist, muss ich zuerst einmal Schritte auf die Menschen hin wagen. Nicht in einem abgeschlossenen und prunkvollen Palast will ich leben, nicht abgeschirmt von vatikanischen Höflingen, die nur die Nachrichten zu mir durchdringen lassen, die ihnen in ihr eigenes Konzept passen, sondern mitten unter den Menschen. Deshalb lebe ich bescheiden auf zwei Zimmern des vatikanischen Gästehauses und nehme meine Mahlzeiten nicht alleine ein, sondern in der Mensa zusammen mit den einfachen Leuten, die im Vatikan Dienst tun. So kann ich – wie du es auch getan hast – den Leuten »aufs Maul schauen«, ihre Sorgen und Nöte wahrnehmen, mich mit ihnen freuen und auch mit ihnen leiden.

Für mich gilt auch: keine teure Kleidung aus edlen Stoffen, keine Ehrentitel, keine großen Fahrzeuge, sondern ein Lebensstil, der einfach und bescheiden daherkommt und deshalb schon mit den kleinen Leuten verbunden ist. Damit greife ich das auf, was am Ende des Zweiten Vatikanischen Konzils vierzig Konzilsväter in der römischen Domitilla-Katakombe beschlossen haben: den sogenannten Katakombenpakt, der die Unterzeichner verpflichtete, sich für eine arme und dienende Kirche einzusetzen. Ich verlängere diesen Katakombenpakt in unsere Zeit hinein und wünsche mir, dass mir viele der kirchlichen Amtsträger folgen können. Was sich allerdings so manch ein Bischof hier in Rom oder auch in deinem Land an Riesenwohnung und übermäßigem Prunkbau anschafft, stößt bei mir auf heftiges Missfallen. So geht es nicht!

Vielleicht ergibt sich für dich, lieber Bruder Martin, auch ein Einblick in mein Denken, wenn du dich an meine Namenswahl erinnerst. Meine Wahl zum Papst im Konklave der wahlberechtigten Kardinäle hat mich aufgewühlt, ich brauchte einige Zeit, bevor ich Ja sagen, das vorbereitete Annahme-Dokument unterschreiben und meinen Papstnamen auswählen konnte. Vorab hatte mir einer meiner Kollegen einen ganz wichtigen Hinweis gegeben: »Denk an die Armen, Jorge Mario, denk an die Armen.« Vielleicht fiel mir deshalb bei meiner Besinnung im Nebenzimmer des Konklaves Franz von Assisi ein – ihn habe ich dann zu meinem Namensgeber gewählt, nicht Ignatius, der mir auch nahegelegen hätte, weil ich Mitglied der von Ignatius von Loyola gegründeten Gesellschaft Jesu bin.

Warum Franziskus, fragst du? So habe ich ihn in einem Zeitungsinterview beschrieben: »Nun, er ist einer der Größten, weil er alles zugleich ist. Ein Mann der Tat, er gründet einen Orden und gibt ihm Regeln, er zieht umher und ist Missionar, er ist Dichter und Prophet, er ist Mystiker, er liebt die Natur, die Tiere, die Grashalme auf der Wiese und die Vögel, die am Himmel fliegen, aber vor allem liebt er die Menschen, die Kinder, die Alten, die Frauen. Er träumte von einer armen Kirche, die sich um die anderen kümmern würde, ohne an sich selbst zu denken. Seither sind 800 Jahre vergangen, und die Zeiten haben sich sehr geändert, aber das Ideal einer missionarischen und armen Kirche bleibt mehr als gültig. Dies ist ja die Kirche, die Jesus und seine Jünger gepredigt haben.« Einer solchen Kirche will ich in meinem Amt dienen.

Wichtig war mir natürlich auch Paulus – und da berühren wir uns wieder einmal, denn ihn verehren wir beide. Paulus hat die Grundsteine unserer Religion und unseres Glaubensbekenntnisses gelegt. Man kann ohne Paulus kein bewusster Christ sein. Er übersetzte das Evangelium in eine neue Welt, in eine Denkstruktur, die nicht nur den Juden, sondern auch den Völkern des Mittelmeerraumes und damit letztlich der ganzen Welt gemäß war. Ich glaube, dass es ohne Paulus heute kein Christentum geben würde – das macht ihn und seine Theologie so wichtig.

Um auf deine Fragestellung zurückzukommen, lieber Bruder Martin, natürlich versuche ich jeden Tag aufs Neue, Christ zu sein oder besser: Christ zu werden. Denn das bedeutet ja eine ständige Bemühung um den Glauben und um ein Leben, das dem Glauben an Gott und Christus entspricht. Ich weiß mich als Sünder, als fehlbarer Mensch, weiß auch von meinen Ecken und Kanten, bin mir bewusst, dass ich manchmal – auch darin ähneln wir uns – schroff sein kann. Aber klare Worte sind in manchen Situationen nötig. Deshalb auch ist mir der europäische Karlspreis verliehen worden, weil ich mich vor dem europäischen Parlament nicht in diplomatischen Floskeln, sondern in deutlicher Rede für die Armen, die Flüchtlinge, die Menschen in Not eingesetzt habe. Manches also ist mir gelungen, anderes nicht. Wir bleiben auf dem Weg, jeder Christ bleibt auf dem Weg.

Also lass auch uns, lieber Bruder Martin, auf einem Weg bleiben, der uns immer mehr zusammenführt zur Einheit in Christus. Das schreibt dir

dein Bruder Franciscus,
Rom

Lieber Bruder Franziskus,

du hast recht, wenn du bei mir tiefe Verletzungen vermutest, was Rom und den Papst betrifft. Aber du hast
natürlich auch recht, wenn du darauf verweist, dass
das Handeln deiner Vorgänger in meiner Zeit nicht deinem Handeln und das Denken der damaligen nicht deinem Denken entspricht. Und dass du mit all den vielen
Ehrentiteln nicht viel anfangen kannst, sondern Bruder,
Diener der Diener Gottes und Brückenbauer sein willst,
schafft eine Verbindung mit mir. Schön auch, dass du
die Umstände berichtet hast, wie deine Namenswahl
zustande gekommen ist und dass die Wahl des Namens
Franziskus dir gleichsam zum Programm deines Ponti-
fikates geworden ist: Diener der Armen zu werden in
einer Kirche der Armen.

Auch ich habe eine programmatische Namenswahl
vorgenommen: Wusstest du, dass mein Name entsprechend meines Vaters Namen *Luder* gewesen ist? Am
31. Oktober 1517, also an dem Tag, als ich meine ersten Thesen gegen den Ablass verkündet habe, habe ich
meinen Namen in *Luther* geändert. Und damit habe ich
eine für mein Leben und Wirken wichtige Aussage gemacht: Luther kommt vom griechischen Wort *eleutheria*,
das heißt Freiheit. Für mich bedeutete dies in den folgenden Jahren zunehmend die Freiheit von Bindungen
an den Papst, die Kardinäle, die Bischöfe, die ganzen
kirchlichen Ämter. Es bedeutete, dass ich mich in meinem ganzen Wirken allein Christus unterstellen wollte: in der Knechtschaft Christi wahrhaft frei sein – das
wurde meine Parole.

Damit ist aber auch ein Gedanke erreicht, der für mich im Blick auf den Papst wichtig ist. Bereits in meiner Schrift an den Adel habe ich entschieden gefordert, dass die schweren und gräulichen Eide aufgehoben werden, zu denen die Bischöfe – und ich füge hinzu auch Priester und das gläubige Volk – unter den Papst gezwungen werden und die sie wie die Knechte gefangen sein lassen. Nein, nicht dem Papst dürfen Christenmenschen untertan sein, sondern Christus. Das aber stellt die römische Kirche, so wie ich sie erlebt habe, auf den Kopf: Der Papst ist nun nicht länger oben, der oberste Herrscher über alle, sondern unten, der unterste Diener aller. Und Gleiches gilt für all die anderen kirchlichen Herren weit und breit. Das ist mein erster Wunsch an dich, lieber Bruder Franziskus, dass du in all deinem Wirken dich als solcher Diener zeigst und auch deinen ganzen Hofstaat zu Dienern aller machst.

In der gleichen Schrift habe ich auch gefordert, dass der Papst über den Kaiser keine Gewalt haben darf, ein Bischof nicht über einen König, die Kirche nicht über die weltliche Obrigkeit. Das wäre mein Wunsch an dich, lieber Bruder Franziskus, dass du alle Insignien weltlicher Macht und Herrlichkeit abtust – wie es ja schon weithin von dir vorgenommen wird –, aber zugleich auch die Pracht und den Machtanspruch all der anderen kirchlichen Obrigkeiten in Rom und anderswo energisch beschneidest. Nicht um Herrschaft, nicht um Geld darf es deiner Kirche gehen, sondern allein um das Evangelium Jesu Christi und um den Dienst an den Armen.

In meiner Zeit habe ich dies genau anders erfahren: ein überschwängliches, hochmütiges, frevlerisches Verhalten des Papstes, so habe ich es in der Adelsschrift beschrieben. In diesem Zusammenhang habe ich zu deuten gewagt, dass solches Verhalten nur vom Teufel kommen kann, der den Papst zum Antichristen proklamiert. Die weltliche Macht des Papstes habe ich bestritten und ihn aufgefordert, allein durch das Evangelium und seine Predigt zu handeln. Einen Kirchenstaat – gleich wie groß er ist – braucht es dazu überhaupt nicht. Das ist mein Drittes, das ich im Blick auf dich, lieber Bruder Franziskus, wünsche. Dass du noch energischer als bisher die weltliche Ausrichtung der Kirche beschneidest und zur geistlichen zurückkehrst. Wozu braucht die Kirche einen Kirchenstaat? Die Diener der Kirche sollen keine Streiter dieser Welt sein, sondern »gute Streiter Christi«, wie es im zweiten Brief an Timotheus heißt. Und Christus hat nie etwas mit weltlichem Regiment zu tun gehabt.

Du, lieber Bruder Franziskus, übst dein Papstamt ganz anders aus als die Päpste meiner Zeit. Schade, dass du nicht fünfhundert Jahre früher in dieses Amt gekommen bist, das hätte der Christenheit manches erspart. Denn zu meiner Zeit war das Wesen des Papstes in Rom anders. In der Adelsschrift habe ich es so beschrieben: »Da ist ein Kaufen, Verkaufen, Wechseln, Tauschen, Rauschen, Lügen, Betrügen, Rauben, Stehlen, Prachten, Hurerei, Buberei – auf allerlei Weise Verachtung Gottes, dass es selbst dem Endchrist nicht möglich wäre, lästerlicher zu regieren. Selbst die großen Märkte in Venedig, Antwerpen und Kairo sind nichts gegen diesen Jahrmarkt und Kaufhandel in Rom; es geht dort zu, wie der Teufel selbst es will.« Verstehst du, lieber Bruder Franziskus, dass ich dies alles nicht mehr ertragen konnte, zumal ich es ja mit meinen eigenen Augen in Rom habe sehen müssen?

Was aber bleibt, wenn all dies Schandbare in Rom vergangen ist? Gibt es etwas, dass dein Papstamt ohne all diese Fehlentwicklungen ausfüllen kann? Wie kannst du Papst in einer reformierten, in einer nach

Christi Willen erneuerten Kirche sein? In einer Kirche, die zugleich wirklich katholisch ist, das heißt alle, auch die Armen, umfassend?

Einen von zwei Gedanken hast du bereits immer wieder genannt: Du willst Diener aller sein. Dazu brauche ich im Blick auf dich nichts mehr hinzufügen. Doch ein Zweites möchte ich nennen, das dein Wirken prägen sollte: Nicht nur Diener Christi, nicht nur Diener der Armen sollst du sein, sondern auch Diener der Einheit aller – und ich meine wirklich *aller* Christen. So habe ich geschrieben: »Rom kann nicht alles verhandeln, denn sie wissen dort nicht die Sitten, das Recht und die Gewohnheit der Länder.« Rom, beziehungsweise du als Papst, lieber Bruder Franziskus, muss deshalb den Christen in allen Landen große Freiheit zugestehen – Wittenberg ist nicht Rom und Jerusalem nicht Santiago de Compostela. Aber du musst ebenso das Evangelium von Jesus Christus als das Verbindende herausstellen – darin sind wir Christen uns einig, trotz aller unserer Verschiedenheit. Diener der Einheit im Geist des Evangeliums sein, das bedeutet ein reformiertes Katholischsein, das bereits in meiner Zeit nötig gewesen wäre, in deiner Zeit aber noch mehr ist.

Ich wünsche mir als Letztes, dass dir dies gelingt und dass du so zur erneuten Einheit der Christen unter Bewahrung all ihrer Verschiedenheit beitragen kannst. Und was ich so alles an Spitzen gegen die Päpste meiner Zeit geschrieben habe, nimm es nicht zu ernst, lieber Bruder Franziskus, es betrifft dich nicht.

Dies schreibt dir

dein Bruder Martin,
Wittenberg

Von Schwestern und Brüdern

Lieber Bruder Martin,

nun bin ich ja ein wenig beruhigt, wenn ich von dir höre, dass du mich nicht mehr als Antichrist verstehst, weil all dein Reden naturgemäß nur die damaligen Päpste betroffen hat. Dennoch finde ich die Bezeichnung »Antichrist« auch für meine Vorgänger zu früheren Zeiten zu scharf. Sie machten große Fehler, sie waren keine Leuchten des Evangeliums, sie gingen Irrwege – all das gestehe ich dir zu. Ich verstehe auch deine Empörung über die unhaltbaren Zustände in der Kirche damals. Aber urteile nicht, denn Jesus hat uns in der Bergpredigt doch deutlich genug gesagt: »Richtet nicht, damit ihr nicht gerichtet werdet.« Auch das ist Evangelium, lieber Bruder Martin.

Doch lass uns in unserem Briefwechsel zu einem ganz anderen Thema kommen: Es ist zwischen uns so viel von Brüdern die Rede, wo bleiben eigentlich die Schwestern? Wir müssen auch über die Rolle der Frauen in der Kirche sprechen. Ich erinnere dich daran, dass *ecclesia*, Kirche, ein weiblicher Begriff ist. Wenn wir uns einig sind, dass die Kirche nicht allein aus männlichen Klerikern besteht, sondern dass alle Getauften miteinander Gottes Volk sind, dann verweist uns dies nicht nur auf die Männer, sondern in gleicher Weise auf die Frauen.

Damit aber berühren wir ein heikles Thema, denn alle großen Religionen und auch die christlichen Kirchen in Ost und West haben seit eh und je ein Problem mit der Rolle der Frau nicht nur als Mutter und Hausfrau, sondern auch als Trägerin von Verantwortung in der religiösen Gemeinschaft gehabt. Deshalb ist die Praxis leider so gewesen, dass es in den Schlüsselstellen meiner Kirche nur

Männer gibt: Diakone, Priester, Bischöfe, Kardinäle und den Papst. Ich erinnere dich, lieber Bruder Martin, zudem daran, dass es auch in den reformierten Kirchen an dieser Praxis, nur Männer in Leitungsämter zuzulassen, in der ersten Zeit keine Veränderung gab. Erst im 20. Jahrhundert und zumeist erst gegen Ende dieses Jahrhunderts haben die einzelnen evangelischen Landeskirchen Frauen zur Ordination zugelassen. Manche evangelische Gemeinschaften und auch die Ostkirchen tun dies bis heute nicht. In der frühen Zeit war nur die Herrnhuter Brüdergemeine in der Zeit ihres Gründers Nikolaus Graf von Zinzendorf in der Mitte des 18. Jahrhunderts eine Ausnahme; es gab dort Presbyterinnen und Diakoninnen.

Die meisten der Kirchen, die sich auf dich als Reformator berufen, lieber Bruder Martin, sehen heute die Stellung der Frau in der Kirche als gleichwertig und gleichberechtigt an und haben ihre Kirchenordnungen entsprechend geändert; sie ordinieren Pastorinnen. Und – vielleicht verwundert es dich – auch ich bin der Meinung, dass die Kirche nicht nur den Beitrag anerkennen muss, den die Frau in der heutigen Gesellschaft leistet, sondern ihr auch größere Räume zum Mitwirken und Mitentscheiden im Volk Gottes eröffnen muss.

In meinem Schreiben über die Freude des Evangeliums habe ich dies klar ausgedrückt: »Ich sehe mit Freude, wie viele Frauen pastorale Verantwortung gemeinsam mit den Priestern ausüben und neue Anstöße zur theologischen Reflexion geben. Doch müssen die Räume für eine wirksame weibliche Gegenwart in der Kirche noch erweitert werden. Denn das weibliche Talent ist unentbehrlich in allen Ausdruckformen des Gesellschaftslebens; aus diesem Grund muss die Gegenwart der Frauen auch an den verschiedenen Stellen garantiert werden, wo die wichtigen Entscheidungen getroffen werden, in der Kirche ebenso wie in den sozialen Strukturen.«

Mit diesem Denken greife ich auf die Praxis Jesu zurück, der Frauen nicht zurückgewiesen, sondern ihnen einen wichtigen Platz in seiner Jüngergemeinschaft gegeben hat. Die Fragestellungen des 20. und gar 21. Jahrhunderts konnte er nicht voraussehen, ebenso wenig die Entwicklungen der Moderne mit der Betonung der Frauenrechte. Doch in seinem alltäglichen Handeln hat Jesus deutlich werden lassen, dass er im Blick auf das von ihm gesammelte neue Volk Gottes auf Männer *und* Frauen zurückgreift. Es gibt in seiner Jüngergemeinschaft Petrus, Andreas, Johannes und andere Männer, es gibt in gleicher Weise, Maria aus Magdala, Johanna, Susanna und andere Frauen. Jesus heilt Männer und Frauen, er predigt Männern und Frauen – denk an Maria aus Betanien, die als Schülerin und Hörende zu seinen Füßen sitzt, wie der Schüler eines Rabbi bei diesem. Und Jesus hat gesagt: »Wer den Willen meines Vaters tut, der ist mir Bruder *und* Schwester.«

Ein vergleichbares Bild entdecken wir auch in den ersten Gemeinden, besonders in den von Paulus gegründeten Gemeinden im östlichen Mittelmeerraum: Männer und Frauen werden getauft, Männer und Frauen gehören zur *ecclesia*, Männer und Frauen übernehmen entsprechend der ihnen vom Geist Gottes geschenkten Charismen Dienste in der Gemeinde. Paulus zählt in seinen Briefen viele Frauen auf, die er als Mitarbeiterinnen bezeichnet und versteht.

Ich weiß, dass diese Sicht des Anfangs, der ersten Gemeinden, sich dann – entsprechend den sozialen Strukturen des Römischen Reiches – veränderte und die Rolle der Frau in der Kirche zurückgedrängt wurde. Man fiel in patriarchalisches Denken zurück und nahm den Frauen den Platz in der kirchlichen Öffentlichkeit. Ich möchte schon – mit aller Vorsicht und Rücksichtnahme auf »schwache Brüder«, wie Paulus es in Bezug auf andere Punkte auch getan hat – Änderungen vornehmen und die legitimen Rechte der Frauen neu betonen beziehungsweise in der Praxis der Kirche neu verwirklichen.

Doch damit – um einem Missverständnis vorzubeugen – meine ich nicht die Priesterweihe, die den Männern vorbehalten bleiben soll. Das ist eine Frage, die nicht zur Diskussion steht, auch weil es hier ja nicht um die Macht der Priester über andere geht, sondern um ihren Dienst. Wie mein Vorvorgänger im Amt, Johannes Paul II., 1994 in seinem Schreiben über die Priesterweihe ausgedrückt hat, bleibt entsprechend der Tradition der katholischen Kirche wie auch der orthodoxen Kirchen das Priesteramt den Männern vorbehalten. Anderes kann ich mir in dieser Frage auch nicht vorstellen. Wohl aber habe ich für mich noch keine Entscheidung getroffen, was den Diakonat der Frau betrifft. Dies ist zwar auch ein Weiheamt, aber hier liegt die Tradition anders, es hat ja lange Diakoninnen in der Kirche gegeben. Die Zukunft wird zeigen, ob hier ein Weg ist, neben vielem anderen die Gaben der Frauen zu nutzen zum Wohl aller. Ich bin mir bewusst, dass viele Menschen meiner Zeit etwas anderes von mir erwarten, aber ich stehe in einer Linie kirchlicher Tradition, der ich verpflichtet bin und die mich – zumindest aus augenblicklicher Sicht – keine andere Möglichkeit erkennen lässt.

Doch wie siehst du, lieber Bruder Martin, diese Frage? In deiner Zeit wurde darüber zwar noch nicht diskutiert, aber als weitsichtiger Mann hast du sicher eine Meinung zum Amt der Frau. Sie mag sich von meiner unterscheiden, dennoch bleiben wir Brüder innerhalb einer großen Gemeinschaft von Schwestern und Brüdern, die sich auf Christus und sein Evangelium beruft.

Ich grüße dich herzlich

dein Bruder Franciscus,
Rom

Lieber Bruder Franziskus,

dass Frauen ordiniert werden können – dieser Gedanke ist mir damals überhaupt nicht gekommen. Dass Frauen bis in höchste kirchliche Ämter aufsteigen, dass sie sogar Bischöfinnen werden können, so wie es in eurer Zeit geschieht, das war mir undenkbar – völlig unmöglich hätte ich gesagt, ohne allerdings groß darüber nachzudenken und vor allem ohne dies vom Evangelium her begründen zu können. Es war nie so und es wird nie so sein, hätte ich gesagt.

Denn in meiner Zeit waren die Rollen zwischen Mann und Frau in der Gesellschaft genau festgelegt und erschienen als unveränderlich. Die Frau gehörte ins Haus, ihr gehörte der Haushalt, dort war sie Herrin. Der Mann aber gehörte ins öffentliche Leben, damit auch in die Leitung der Kirche, dort war er Herr. Als ich einmal mit Kollegen zu Tisch saß, habe ich dies so ausgedrückt: »Männer haben eine breite Brust und kleine Hüften, darum haben sie auch mehr Verstand als die Weiber, welche enge Brüste haben und breite Hüften und Gesäß, da sie sollen daheim bleiben, im Haus sitzen, haushalten, Kinder tragen und erziehen.« Das war das Denken zu meiner Zeit, in eurer Zeit würdet ihr es machohaft nennen.

Für uns galt, dass die Frau für den Haushalt geschaffen ist, der Mann aber für das öffentliche Leben, für Kriegs- und Rechtsgeschäfte. Anders denken konnten wir in unserer Zeit nicht, und auch ich habe es so gehalten. Über eine Veränderung der Rolle der Frau wurde einfach nicht nachgedacht, weder in der Gesellschaft noch in der Kirche. Die vorgegebenen Rollen von Mann und Frau betrachteten wir als von Gott gegeben und deshalb auch nicht hinterfragbar oder gar veränderbar.

So haben wir halt damals gedacht: »Wenn die Frauen über die Fragen ihres Haushalts hinaus über öffentliche Angelegenheiten reden, so taugt das nichts. Denn wenn es ihnen auch an vielen Worten nicht fehlt, so fehlt es ihnen am richtigen Verständnis für die Sache. Aber sie reden dennoch.«

Das also galt als unverrückbare Tatsache, die von der Bibel her begründet wurde: »Gott hat Mann und Weib geschaffen, das Weib zum Mehren mit Kinder tragen, den Mann zum Nähren und Wehren.« Und an anderer Stelle habe ich geschrieben: »Da Gott Adam zum Herrn über alle Kreaturen gesetzt hatte, da stund es alles noch wohl und recht. Aber da das Weib kam und wollte auch die Hand mit im Spiel haben, da fiel alles dahin und wurde eine wüste Unordnung, wie im ersten Buch des Mose geschrieben ist.«

Ich weiß, dass euch solche Ansichten in eurer Zeit zuwider sind. Doch erinnert euch daran, dass die Frauen im staatlichen Bereich bei euch auch erst in der zweiten Hälfte des 20. Jahrhunderts die gleichen Rechte erhielten wie die Männer. Und von einer wirklichen Gleichberechtigung seid ihr – trotz vieler Fortschritte – noch immer weit entfernt. Ihr habt deshalb kein Recht, uns, die wir in unserer Zeit zu ganz anderen Bedingungen und in einem ganz anderen gesellschaftlichen Gefüge leben mussten, etwas vorzuwerfen.

Aus der Festlegung der Rollen von Mann und Frau ergab sich für unsere Zeit selbstverständlich eine Überordnung des Mannes über die Frau – sie hatte ihm zu gehorchen. Das aber war nicht immer einfach; und so habe ich selbst einmal geklagt: »Wenn ich noch einmal freien müsste, wollte ich mir ein gehorsames Weib aus einem Stein hauen. Ich bin nämlich verzweifelt an aller Frauen Gehorsam.«

Denn keineswegs hatten die Frauen meiner Zeit, auch meine liebe Frau Käthe, nichts zu sagen. Käthe ist ein frommes und getreues Weib, auf das sich mein Herz ganz verlassen kann. Und sie kann reden und überzeugen – ich erinnere mich: »Meine Frau kann mich überreden, sooft es ihr beliebt. Sie hat nämlich in ihrer Hand die ganze Herrschaft. Ich gestehe ihr gern die ganze Herrschaft im Haushalt zu.« Doch möchte ich in allen anderen Dingen frei und ohne Zwang bleiben. Denn ich glaube, dass Weiberherrschaft noch nie etwas Gutes angerichtet hat. Und ähnlich denke ich auch von Jungen und Mädchen. So habe ich einmal den – zugegeben frechen – Spruch geprägt: »Unkraut wächst schnell, daher wachsen die Mädchen schneller als die Knaben.« Deshalb hat man mich den Weiberfeind geschimpft; doch das bin ich nicht.

Denn all das einmal beiseite gelassen, ich habe immer den Wert einer guten Frau und auch den Wert einer Ehe betont. Nur denjenigen habe ich als seligen Mann angesehen, der eine gute Ehe und eine gute Ehefrau hat. Der Ehestand darf in keiner Weise verachtet werden, man muss ihn vielmehr ehren und groß achten, denn er ist Gottes Kreatur und Gottes Ordnung. Die Ehe bestand von Anfang der Welt an und sie besteht selbst bei den Ungläubigen.

Deshalb allerdings kann sie kein Sakrament sein, weil ein Sakrament nur Christen zustehen würde. Wohl aber ist sie eine Gnade. »Die höchste Gnade Gottes« – so habe ich in einer meiner Tischreden gesagt – »ist die Liebe, die in der Ehe fortwährend blüht.« Und in einer meiner Schriften habe ich dies deutlicher formuliert: »Wer das eheliche Leben wahrnimmt, der empfindet Lust, Liebe und Freude ohne Unterlass darin, wie Salomo sagt: ›Wer eine Frau findet, der findet etwas Gutes.‹«

Nicht um die Frau im kirchlichen Amt ging es mir, sondern um die Frau in meinem Umfeld, in meinem Haus. Das ist meine Meinung: »An der Frau findet man viele Vorzüge zugleich: den Segen des Herrn, die Nachkommenschaft, die Vertrautheit mit den Dingen. Das sind so große Gaben, dass sie einen Mann wohl erdrücken würden. Stellt euch vor, es gäbe das weibliche Geschlecht nicht. Das Haus und alles, was zum Haushalt gehört, würde zusammenbrechen, das weltliche Regiment und die Gemeinschaften gingen zugrunde. Die Welt kann demnach ohne Frauen nicht bestehen, selbst dann nicht, wenn die Männer die Kinder selbst auf die Welt bringen würden.«

Aber auch wenn das alles gilt – eine Frau als ordinierte Pastorin und in Leitungsämtern der Kirche bis hinauf zu einer Bischöfin, das alles ist mir nicht begreiflich. Ich selbst habe in dieser Richtung nie eine Initiative unternommen, obwohl ich so vieles in der kirchlichen Tradition kritisiert und verändert habe. Aber die Rollen der Geschlechter zu ändern, Rechte und Pflichten von Mann und Frau anzugleichen, das kam mir nicht in den Sinn.

Doch du, lieber Bruder Franziskus, lebst in einer anderen Zeit und unter anderen Bedingungen. Vielleicht ist es wirklich richtig, hier eine Änderung vorzunehmen, denn wie heißt es schon im ersten Buch Mose: »Als Mann und Frau schuf Gott sie, er schuf den Menschen nach seinem Bilde.«

Du lässt mich mit diesem Thema ein wenig verwirrt zurück. Das schreibt dir

dein Bruder Martin,
Wittenberg

Das Volk Gottes auf dem Weg

Lieber Bruder Martin,

wir haben über das Amt und die Laien gesprochen, über die Frauen und den Papst in Rom. Ich möchte unser Reden über die Kirche ein wenig zusammenfassen und noch einmal auf den bereits erwähnten Begriff des Volkes Gottes zurückkommen. Die Kirche und alle Getauften darin sind das Volk Gottes, das miteinander auf dem Weg ist.

Doch was heißt das? Bruce Marshall, ein Schriftsteller meiner Zeit, hat in einem Buch geschrieben: »Die Kirche ist für die Religion ebenso notwendig wie eine Flasche für den Wein. Die Leute leben irrtümlich in der Einbildung, sie müssten die Flasche mittrinken; sie begreifen nicht, dass man die Form haben muss, um den Geist zu fassen, und den Geist, um die Form auszufüllen. Eins ohne das andere taugt nicht viel.« Also, lieber Bruder Martin, wie muss die »Flasche« Kirche denn aussehen?

Die Flasche Kirche ist nach den Worten des Schriftstellers notwendig, um den Geist darin zu bergen, den Geist der Geschwisterlichkeit, den Geist der Solidarität, den Geist der Liebe. Die Kirche darf sich und all ihre Strukturen und Organisationsformen nicht zu wichtig nehmen, das alles ist nur zerbrechliches Glas, um im Bild zu bleiben. Wohl aber muss sie ihren Geist wichtig nehmen, das Evangelium, auf dessen Bedeutung für die Getauften hinzuweisen du nicht müde geworden bist. Die Kirche kann und muss sich ändern, wenn sich die Zeiten und die Menschen ändern. Sie ist und bleibt immer Kirche auf dem Weg, ist nicht am Ziel und erst recht nicht das Reich Gottes. Insofern darf und muss man die Kirche dann auch kritisieren, wenn sie einen Irrweg geht. Jeder Getaufte hat das Recht, mitunter sogar die Pflicht, so hat es das letzte Konzil formuliert, zu sagen, was Sache ist.

Auf dem Weltjugendtag 2013 im brasilianischen Rio de Janeiro habe ich selbst eine Botschaft des Neubeginns und der Hoffnung für die Kirche ausgesprochen, die das Wort vom Volk auf dem Weg aufgreift. Ich forderte von den jungen Menschen dort »*Sempre avanti* – Immer nach vorn«. Und ich schloss meine Ansprache mit drei kleinen Schlüsselsätzen des Glaubens und einer mutig in die Zukunft ausschreitenden Kirche: »Geht! Ohne Angst! Um zu dienen!« Genau das muss das Anliegen aller Christen heute sein: *Geht*, blickt nicht zurück, sondern schaut in die Zukunft! *Ohne Angst*, sondern mit Mut und Ausdauer und vor allem mit Vertrauen auf Gott! *Um zu dienen* und so das Evangelium in unserer Welt zu leben!

Das Evangelium zu leben, das Evangelium weiterzutragen – das ist die Aufgabe der Kirche. Doch mit Kirche ist hier, so habe ich in meinem Schreiben über die Freude des Evangeliums ausführlich dargelegt, »weit mehr als eine organische und hierarchische Institution« gemeint, da es vor allem um »ein Volk *auf dem Weg* zu Gott« geht. Die Kirche »ist die historisch konkrete Gestalt eines pilgernden und evangelisierenden Volkes, das jeden, wenn auch notwendigen institutionellen Ausdruck übersteigt«.

Das Heil Gottes gilt allen Menschen, doch niemand erlangt das Heil allein, weder als isoliertes Individuum noch aus eigener Kraft. Kirche bedeutet Volk Gottes sein, ein Ferment Gottes inmitten der Menschheit, Salz der Erde und Licht der Welt, wie es Jesus seinen Jüngern aufgetragen hat. Dabei nimmt die Kirche in den Völkern der Erde Gestalt in verschiedenen Kulturen an. Deshalb – so meine Worte – »verfügt das Christentum, wie wir es in der Geschichte der Kirche sehen können, nicht über ein einziges kulturelles Modell«, sondern es trägt das Angesicht der vielen Kulturen und Völker, denen das Evangelium begegnet ist. Das ist mit einem ersten Kriterium zur Bestimmung von Kirche gemeint, das man in der Tradition die *katholische* Kirche nennt – kein Konfessionalismus, sondern der Blick auf die alle umfassende Gemeinschaft. Katholizität ist die »Schönheit des vielseitigen Gesichts«. Es ist deshalb schade, dass die Christen meiner Kirche und die deiner im Gebet des Glaubensbekenntnisses ein Wort unterschiedlich aussprechen: Wir nennen die *katholische* Kirche und meinen damit den Charakter der Kirche als allumfassend. Ihr nennt an dieser Stelle die *christliche* Kirche und protestiert damit – ihr Protestanten – gegen eine römisch-katholische konfessionelle Einengung. Wie wäre es, wenn in eurem Land in einem deutschsprachigen Glaubensbekenntnis statt der beiden strittigen Worte »katholisch« und »christlich« einfach von der *allumfassenden* Kirche gesprochen würde? Wäre das eine Lösung?

Ein zweites Kriterium der Kirche, auch im Glaubensbekenntnis aufgeführt, ist die *eine* Kirche: Damit ist die tiefere Einheit gemeint, über die wir schon vielfach gesprochen haben, die Einheit im Glauben an Gott und an seinen Christus, die Einheit im Vertrauen auf das Wort des Evangeliums, die Einheit in der gemeinsamen Hoffnung auf Erlösung. Keineswegs ist darunter eine Einheitlichkeit von Kirche zu verstehen, gar noch in den äußeren Formen, Strukturen und Riten. Die Wege der Menschen, auch der Christenmenschen, sind verschieden, aber sie haben ein gemeinsames Ziel – Gott selbst und sein Reich.

Ein drittes Kriterium ist die *apostolische* Kirche. Manchmal wird dies sehr eingeengt verstanden im Blick auf die zwölf Apostel. Doch ich meine, dass Apostolizität der Kirche vor allem die Treue zum Ursprung meint, zur Ursprungsgestalt unseres Glaubens, zu Jesus, zur Ursprungsgemeinschaft, den ersten Christen, zur Ursprungsurkunde, den Schriften der Bibel. Wenn wir beide, lieber Bruder Martin, das Wort »apostolisch« als diese grundsätzliche

130

Treue zum Fundament unseres Glaubens verstehen, dann sind wir vielleicht gar nicht so weit auseinander.

Ein letztes Kriterium ist die *heilige* Kirche. Dieser Begriff erscheint geradezu als Hohn, wenn man die skandalösen Verhältnisse der Kirche zu deiner Zeit, aber auch die Skandale in der Kirche zu meiner Zeit betrachtet. Doch allein deshalb, weil Gott die Christen zu einer Gemeinschaft zusammengeführt hat, darf sich die Kirche als heilig, als zu Gott gehörig, nicht aber als Gott gleich ansehen. Sie erkennt zudem, dass auch das Volk Gottes immer noch auf dem Weg und deshalb fehlbar ist und allein die Hoffnung auf Vergebung, Versöhnung und Vollendung die Schritte lenkt.

Die Verkündigung des Evangeliums, lieber Bruder Martin, ist ein Auftrag an alle Getauften, gleich in welcher Kultur und in welchem Volk sie leben, gleich welche Charismen sie von Gott geschenkt bekamen, gleich wo sie in der Kirche eingeordnet sind. Es gilt für alle, im Zeugnis des Evangeliums zu wachsen dadurch, dass wir zunehmend die Liebe Gottes erkennen und dann weitergeben.

So bleibt mir am Schluss dieses Briefes der Appell an dich und an alle Getauften, gleich in welcher kirchlichen Gemeinschaft sie leben und wie sie ihren Glauben in unterschiedlichen Formen ausdrücken: Lasst uns zusammen gehen und gemeinsam in die Zukunft schreiten, die in Gottes guten Händen liegt! Lasst uns ohne Angst gehen, sondern im Vertrauen auf den barmherzigen Gott! Lasst uns dienen, einander und den Armen in der Welt und so das Evangelium Jesu bezeugen durch Tat und Wort!

Auch dir, lieber Bruder Martin, sage ich diese Worte: Geh! Ohne Angst! Um zu dienen!

Dein Bruder Franciscus,
Rom

Lieber Bruder Franziskus,

das sind starke Worte, die du mir geschrieben hast, Worte der Ermunterung und der Hoffnung, Worte der Erneuerung und des Aufbruchs: Geht! Ohne Angst! Um zu dienen! Wahrlich, in diesen drei Worten ist viel von dem enthalten, was auch ich vom Evangelium verstanden habe und was der Auftrag der Kirche ist. Durch diese drei Worte sind wir sehr eng verbunden, lieber Bruder Franziskus; ich danke dir für deine Ermutigung und auch Klarstellung, was die Kirche eigentlich bedeuten muss gegen alle Verfälschung des Evangeliums in meiner und deiner Zeit.

Auch mein Wirken, so verstehe ich es wenigstens, diente keineswegs der Revolte, dem Aufruhr und einer Zerspaltung der Christenheit. Vielmehr wollte ich dem Wort Gottes wieder seinen gebührenden Platz bereiten und es von allerlei Verfälschung und Umdeutung befreien. Das wirkliche und wahre Evangelium von Jesus Christus sollte nunmehr wieder ohne alle Zusätze und Ergänzung verkündet werden. Genau das sehe auch ich als Aufgabe der Kirche an, des Volkes Gottes im Neuen Bund.

Das von dir eingebrachte Bild von der Flasche und ihrem Inhalt ist recht passend, ich werde es wohl bedenken, denn es gibt Entscheidendes zum Verständnis von Kirche wieder. Solcherlei Sprachbilder können manchmal in einfacher Form sehr viel ausdrücken. So habe ich angesichts der vielfältigen Sorgen, die sich die Menschen machen, einmal das Bildwort geprägt: »Wir können nicht verhindern, dass die Vögel um unser

Haupt fliegen. Aber wir können verhindern, dass sie auf unserem Kopf ein Nest bauen.«

Was übrigens das Bild von der Flasche betrifft – ich habe ein ähnliches Wortspiel zum Christenmenschen geprägt: »Ein Christ ist ähnlich einer Röhre, durch die Wasser fließt. Durch ihn will Gott als durch sein Werkzeug alles wohl tun und durch sie treibt er unaufhörlich sein Werk.«

Doch kommen wir zur Kirche zurück. Natürlich habe auch ich mir Gedanken gemacht, wie man die Kirche beschreiben kann, also was – deinem Bildwort gemäß – Flasche und was Wein ist. Dies tat ich vor allem in meinem im Jahr 1529 erschienenen Buch »Deutscher Katechismus« – ihr kennt es meistens als »Der Große Katechismus« für die Hand der Pfarrer, im Gegensatz zu dem kleineren Werk »Der Kleine Katechismus« für die Hand der Gläubigen. In diesem Band werden nach den Zehn Geboten und vor dem Vaterunser die einzelnen Sätze des Glaubensbekenntnisses abgehandelt. Zum dritten Artikel dieses Bekenntnisses »Ich glaube an den Heiligen Geist, die heilige christliche Kirche« habe ich darin ausgeführt:

»Ich glaube, dass es ein heiliges Häuflein und eine heilige Gemeinde auf Erden gibt, aus lauter Heiligen unter *einem* Haupt, Christus, durch den Heiligen Geist zusammenberufen, in *einem* Glauben, Sinn und Verständnis; mit mancherlei Gaben, jedoch einträchtig in der Liebe, ohne Rotten und Spaltung. Von dieser Gemeinde bin ich auch ein Stück und Glied, aller Güter, die sie hat, bin ich teilhaftig und Mitgenosse. Durch den Heiligen Geist bin ich in sie gebracht und ihr einverleibt dadurch, dass ich Gottes Wort gehört habe und immer noch höre; damit nämlich muss es anfangen, wenn man hineinkommen will. Der Heilige Geist bleibt bei der Christenheit bis auf den Jüngsten Tag, durch sie holt er uns heran und sie gebraucht er dazu, das Wort zu führen und zu treiben. Dadurch bewirkt und mehrt er die Heiligung, damit wir täglich zunehmen und stark werden im Glauben und seinen Früchten, die er schafft.« Das ist es, was ich zur Kirche sage, lieber Bruder Franziskus.

Die rechte Kirche, so meine ich, ist die Versammlung aller Christgläubigen auf der Erde. Diese heilige Gemeinde umfasst alle Menschen, die in rechtem Glauben, rechter Hoffnung und rechter Liebe leben. Deshalb auch ist der Christenheit Wesen, Leben und Natur nicht eine leibliche Versammlung, erst recht kein Kirchengebäude aus Stein, sondern eine »Versammlung der Herzen in einem Glauben«. Deshalb auch darf es keine Spaltung der Kirche zwischen Oben und Unten, zwischen Klerisei und Laien geben, auch nicht zwischen Mönchen, die sich über die anderen Christen moralisch und religiös erhaben fühlen, und den einfachen Leuten, nicht zwischen, wie es der Apostel Paulus im Galaterbrief sagt, »Sklaven und Freien, Juden und Heiden, Männern und Frauen«. Wir alle haben Christus angezogen und sollen deshalb »ein Kuchen« werden, ein Sauerteig inmitten der Welt.

Diese Gemeinschaft der Kirche geschieht durch vielerlei Dinge: durch das Hören und Verkünden des Evangeliums, durch die Spendung der Sakramente, durch den Austausch im brüderlichen Gespräch, durch Trost und gegenseitige Hilfe, wo immer es nötig und möglich ist. In der Kirche geht es deshalb nicht um eine Hinwendung zu den Heiligen im Himmel, von denen wir nichts wissen können, sondern um die Erkenntnis, dass die Getauften die von Gott auf Erden Berufenen darstellen, die Heiligen auf der Erde, die deshalb eine heilige, das heißt Gott gehörende und sich auf Gott ausrichtende Gemeinschaft bilden.

Deshalb auch darf sich die Kirche nicht in die Klöster und Mönchsgemeinschaften zurückziehen. So habe ich in einer meiner Tischreden gesprochen: »Gott hat seine Kirche deshalb mitten in die Welt unter äußerliche Tätigkeiten und Berufe gesetzt, damit die Christen nicht Mönche sind, sondern in der allgemeinen Gesellschaft leben sollen, damit unsere Werke und Übungen des Glaubens unter den Menschen kund werden. Denn die Gesellschaft der Menschen ist, wie Aristoteles sagt, nicht ein Selbstzweck, sondern nur ein Mittel. Aber der vornehmste Zweck der Kirche ist, dass einer den anderen von Gott lehrt.«

Dennoch, so habe ich in der Sommerpostille geschrieben, gilt auch das Folgende: Das Wort Gottes kann noch so oft gepredigt werden, »ins Herz geben kann es mir niemand anders als Gott allein. Der muss im Herzen reden, sonst wird nichts daraus.« Im Letzten nämlich kann der Mensch nicht auf andere Menschen bauen; er muss selbst hören, er muss selbst glauben, er muss selbst vertrauen, er muss selbst Gott antworten, wenn es zum Sterben kommt.

Du hast mir die drei Worte geschrieben, lieber Bruder Franziskus. Dein zweites »Ohne Angst!« kommt mir gelegen, denn ich habe in vergleichbarer Weise formuliert: »Furcht tut nichts Gutes. Darum muss man frei und keck sein in den Dingen allesamt und fest stehen.« Feste stehen aber – das ist den Glauben haben, denn so sagt der Prophet Jesaja: »Glaubt ihr nicht, so bleibt ihr nicht!« Und ich sage: »Glaubst du, so hast du!«

Das sage ich am Ende dieses Briefes, dir als meinem Bruder: Lass uns frei und keck sein in allen Dingen und fest stehen im Glauben

dein Bruder Martin,
Wittenberg

Glaube –
die Feier der Eucharistie

Lieber Bruder Martin,

»lass uns frei und keck sein in den Dingen allesamt und
fest stehen im Glauben« – ein tolles Wort hast du geprägt,
das auch das Motto meines Pontifikats sein könnte und in
dem ich mich wiederfinde. Wir haben doch – trotz aller
Trennung unserer Kirchen über fünfhundert Jahre hinweg
– viel Gemeinsames und vielleicht finden wir noch mehr
auf dem Weg hin zu unserem Ziel.

Lass uns jetzt zu den drei Punkten kommen, die in der
Tradition der Kirche die drei »Theologischen Tugenden«
genannt werden, zu Glaube, Hoffnung und Liebe, wobei
ich allerdings die Hoffnung als Ausblick und Perspektive
ans Ende stellen möchte. Papst Gregor der Große hat im
6. Jahrhundert diese drei inneren Haltungen die »Göttlichen Tugenden« genannt und ihnen die vier antiken Tugenden Klugheit, Gerechtigkeit, Tapferkeit und Mäßigung zur
Seite gestellt, sodass sich die heilige Zahl sieben ergibt.

Beginnen wir beim Glauben und – da wir schon so
manches zum Kern des Glaubens gesagt haben – bei der
Feier des Glaubens in der Eucharistie oder, wie ihr sagt, im
Abendmahl. Dabei ist mir bewusst, dass wir einen Punkt
erreichen, der zwischen unseren Kirchen einer der wichtigsten Streitpunkte ist. Dabei geht es zuerst noch nicht
einmal um die Eucharistie selbst, sondern um das Amt in
der Kirche und von dort aus darum, wer die Eucharistie
beziehungsweise das Abendmahl in legitimer Weise leiten
darf. In der Frage nach dem kirchlichen Amt sind wir nach
wie vor weit auseinander. Hier muss noch viel theologische
Arbeit geleistet werden, bevor wir die Ämter in unseren

Kirchen gegenseitig anerkennen können. Aus unserer Sicht ist das aber die Voraussetzung für eine gemeinsame Feier der Eucharistie, zumindest in einem offiziellen Rahmen. Ich hoffe, dass es gelingt.

Weitere Fragen, denen wir uns zur Eucharistie zu stellen haben, sind die Frage nach der Gegenwart Christi im Brot und im Wein und die Frage nach dem Opfertod Jesu. Dabei muss anerkannt werden, dass die theologisch-philosophische Sprache des Mittelalters, die weithin den Streit zwischen den Kirchen über diesen Punkt bewirkt hat, heute für die meisten Gläubigen nicht länger als relevant, sondern als unverständliches Theologengezänk angesehen wird. Wer denkt und spricht noch von Substanz und Akzidenzien, von Wiederholung des Kreuzesopfers in unblutiger Weise, von Transsubstantiation und anderem mehr?

Wie in vielen Fragen, so möchte ich auch hier eher den Weg der Praxis gehen, die den Glauben der Menschen dadurch stärkt, dass sie ihm Hilfen für die Feier der Eucharistie gibt. Vielleicht sollten wir die theologische Diskussion zurückstellen gegenüber einer der heutigen Zeit und den heutigen Menschen angemessenen Feier der Eucharistie. In meinem Schreiben *Laudato si* aus dem Jahr 2015 habe ich einen neuen Ansatz zu den sakramentalen Zeichen gewagt, indem ich diese mit der Schöpfungstheologie verbunden habe. Die Sicht der Welt als gute Schöpfung Gottes nämlich ist angesichts der heutigen Probleme unserer Welt von höchster Wichtigkeit, hat aber im Leben der Kirche und der Christen keineswegs die Bedeutung, die ihr zukommen muss.

Ich habe deshalb gemahnt, Gott in allen Dingen zu begegnen oder, wie es der heilige Bonaventura, der Leiter des Franziskanerordens im 13. Jahrhunderts, gesagt hat: »Das innere Leben eines Menschen ist umso vollkommener, je besser der Mensch versteht, Gott in den äußeren Geschöpfen zu begegnen.«

Dies geschieht in den heiligen Zeichen der Sakramente; Wasser, Öl, Feuer, Brot und Wein, natürliche Dinge also, stellen Hinweise und Gegenwart von übernatürlichem Leben dar. In der Leiblichkeit der materiellen Zeichen begegnet uns Gott selbst. Das ist deshalb möglich, weil er in Christus einen Leib dieser Welt angenommen hat – das Geheimnis der Inkarnation, der Fleischwerdung, Menschwerdung Gottes. So habe ich zur Eucharistie geschrieben:

»In der Eucharistie findet die Schöpfung ihre größte Erhöhung. Auf dem Höhepunkt des Geheimnisses der Inkarnation wollte der Herr durch ein Stückchen Materie in unser Innerstes gelangen. Nicht von oben herab, sondern von innen her, damit wir ihm in unserer eigenen Welt begegnen können. Die Eucharistie ist das Lebenszentrum des Universums, der überquellende Ausgangspunkt von Liebe und unerschöpflichem Leben, ein Akt der kosmischen Liebe. Die Eucharistie vereint Himmel und Erde, umfasst und durchdringt die gesamte Schöpfung. Darum richtet uns die Eucharistie auch darauf aus, Hüter der gesamten Schöpfung zu sein.«

Ich weiß, lieber Bruder Martin, dass es in der Geschichte der Christen eine Fülle von Aspekten gegeben hat und gibt, die zum Verständnis der Eucharistie beitragen: Gemeinschaft mit Jesus und den Christen, Mahl der Einheit und des Friedens, Danksagung und Lobpreis, Gebet und persönliche Frömmigkeit, Fest Gottes mit uns Menschen, Gedächtnis unserer Erlösung, Versöhnung und Vergebung der Sünden, Stärkung für Glauben und Leben und viele andere Aspekte mehr. Ich möchte diesen vielen Traditionen den Aspekt hinzufügen, dass die Eucharistie ein »Akt der kosmischen Liebe ist«, ein Geschenk Gottes an uns in materiellen Zeichen.

Es hat sich nun gezeigt, dass jede Zeit der Kirchengeschichte aufgrund ihrer besonderen kulturellen und gesellschaftlichen Situation in unterschiedlicher Weise Aspekte der Eucharistie in den Vordergrund geschoben hat und andere weniger beachtet. Da war zu deiner Zeit die Messe als Opfer der entscheidende Punkt, das letzte Konzil betonte eher die Mahlgemeinschaft; da war am Anfang die Verheißung künftiger Herrlichkeit ein entscheidender Aspekt, heute ist es vielleicht eher das Fest, das Gott mit uns Menschen durch Christus feiern will – oder eben der von mir genannte Gedanke einer Vereinigung von Himmel und Erde. Man darf diese unterschiedlichen Aspekte nicht werten oder gegeneinander ausspielen. Vielleicht können wir unsere unterschiedlichen Meinungen dadurch relativieren, dass wir gemeinsam nach neuen Deutungen Ausschau halten, die den Menschen unserer Zeit angemessen sind und von ihnen besser verstanden werden können als theologische Spekulationen über Transsubstantiation und anderes. Wie sagte es der Barockdichter, Theologe und Arzt Angelus Silesius im 17. Jahrhundert: »Freund, so du etwas bist, bleib doch ja nicht stehn. Man muss aus einem Licht fort in das andre gehn.«

Gehen wir also, lieber Bruder Martin, in ein neues Licht des Eucharistieverständnisses und der Eucharistiefrömmigkeit und versuchen wir, den alten und mit vielen Worten und Begriffen geführten Streit hinter uns zu lassen. Lassen wir uns durch die Eucharistie, das Abendmahl von Gott selbst heilen. So habe ich geschrieben: Heilung der Beziehungen des Menschen zu Gott, zu sich selbst, zu den anderen und zur Welt. Feiern wir die Eucharistie als Auferstehung, als ersten Tag der neuen Schöpfung und als Unterpfand der Vollendung,

dein Bruder Franciscus,
Rom

Lieber Bruder Franziskus,

»aus einem Licht fort in das andre gehn«, auch du führst in deinen Schreiben schöne Sprüche auf, selbst wenn dieser Satz nicht von dir stammt, sondern von einem Dichter, der zuerst evangelisch war, dann aber zur katholischen Kirche konvertierte – weil er sein mystisches Denken eher im barocken Katholizismus unterbringen konnte als im damals doch recht strengen und allein auf das Wort der Schrift vertrauenden Protestantismus.

In der Tat ist das Abendmahl wohl der wichtigste Streitpunkt zwischen unseren Kirchen und zugleich die entscheidende Handlung christlicher Gemeinschaft. Denn wenn ich zum Abendmahl gehe, dann bezeuge ich damit, dass auch ich zu denen gehöre, die Gott loben und danken wollen. Der Aspekt der Danksagung, der im griechischen Wort *eucharistia* anklingt, ist auch für mich von hoher Bedeutung.

Ich habe mich auch nie gegen die Feier des Abendmahls gestellt, wohl aber gegen mancherlei Verfälschungen des ursprünglich vom Herrn Gemeinten: Die Winkelmessen oder Privatmessen, die – von den Gläubigen mit Geld gekauft – ohne Gemeinde vom Priester in einem stillen Winkel der Kirche vollzogen wurden, waren mir ein Graus. So geht es nicht, wenn man sich zu den Prinzipien allein Gnade, allein Christus, allein Schrift, allein Glaube bekennt.

Meine Betonung des Wortes Gottes, das wir in der Schrift vernehmen, hat dazu geführt, dass mich manche fälschlicherweise beschuldigen, ich hätte das Sakrament gegenüber dem Wort untergehen lassen. Doch das stimmt nicht. Denn Wort und sakramentales Zeichen in der Taufe und im Abendmahl dürfen nicht gegeneinandergestellt werden, sondern ergänzen sich wie die beiden Schalen einer Waage. Abendmahl und Taufe sind genauso wenig entbehrlich wie das Hören und Befolgen des Wortes Gottes.

Was die Zahl der Sakramente angeht, so habe ich allerdings ein anderes Verständnis als das der katholischen Kirche: Ich zähle nur Taufe und Abendmahl zu den Sakramenten, weil hier aufgrund der Einsetzung durch Jesus ein deutendes Wort und ein deutendes Zeichen zusammenkommen. Bei der Absolution, der Lossprechung in der Buße, ist dies nur teilweise der Fall, weil hier das materielle Zeichen fehlt. Doch scheint mir die Zahl der Sakramente nicht so wichtig zu sein, denn dies ist eine Frage der Definition. Wenn die Definition des Wortes Sakrament weiter gefasst wird, kann man, wie bei euch und bei den Orthodoxen üblich, von sieben Sakramenten sprechen – wir fassen diesen Begriff enger und reden nur von zwei oder drei. Im Mittelalter wurden zudem durchaus noch viele weitere kirchliche Handlungen als Sakrament verstanden – ein noch weiterer Sakramentenbegriff als bei euch üblich.

Entscheidend unter den vielen Aspekten, die du, lieber Bruder Franziskus, zur Eucharistie aufzählst, ist für mich die Gemeinschaft mit Christus. Hier liegt für mich die innere Mitte des Abendmahls, das uns von Christus anvertraut ist. Diese Gemeinschaft erfolgt im Wort und im Zeichen des Brotes beziehungsweise des Weines. Für eine solche Gemeinschaft mit Christus brauche ich allerdings in keiner Weise die steile These, dass sich in der Eucharistie das Kreuzesopfer Christi in unblutiger Weise wiederholt und vom Priester gegenwärtig gesetzt wird. Das ist für mich pures Heidentum, mit Verlaub gesagt! Im Abendmahl wird an den Tod Jesu erinnert. Durch den Tod Jesu am Kreuz allein geschehen die Vergebung der Sünden und Erlösung. Wenn man im Zusammenhang mit dem Abendmahl überhaupt von Opfer spricht, dann kann aus meiner Sicht nur gemeint sein, dass sich die Christen betend selbst darbringen im Sinne der Vaterunserbitte: »Dein Wille geschehe.« Das aber geschieht im Vertrauen auf die Gnade Gottes und muss nicht unbedingt mit dem missverständlichen Wort »Opfer« bezeichnet werden.

In meinem »Deutschen Katechismus« habe ich im fünften Hauptstück über das Sakrament des Altares oder das heilige Abendmahl geschrieben. Darin habe ich deutlich gemacht, wie wichtig das Abendmahl für den Christen ist: Denn durch die Taufe wird uns die Geburt des neuen Lebens von Gott geschenkt; durch das Abendmahl aber schenkt er uns das Wachstum dieses neuen Lebens. Deshalb, so habe ich geschrieben, »heißt das Abendmahl mit Recht eine Speise der Seele, die den neuen Menschen nährt und stärkt. Durch die Taufe werden wir neu geboren, aber daneben bleibt gleichwohl noch die alte Haut am Menschen. Darum ist uns das Sakrament zur täglichen Weide und Fütterung gegeben, damit sich der Glaube erhole und stärke, um immerfort stärker zu werden. Das Herz soll sich hier neue Kraft und Labsal holen.«

Deshalb halte ich das Abendmahl, und zwar regelmäßig gefeiert, für unerlässlich. Wer nicht zum Abendmahl kommt, erkaltet im Glauben. Wer sich dagegen im Abendmahl von Gott stärken lässt, der erfährt, dass sein Herz erwärmt und entzündet wird. Zum Abendmahl werden wir natürlich nicht gezwungen, denn wir sind von Christus selbst eingeladen und deshalb tun wir gut daran, dieser Einladung zu folgen.

Ich habe im Katechismus das Abendmahl mit einem Bildwort zu erläutern versucht: Es ist ein Gegengift und eine Arznei, die Leben schenkt. Das Abendmahl ist eine heilsame, tröstliche Arznei, die dir für Leib und Seele Leben geben soll. Es ist ein Gegengift gegen das Gift der Sünde.

Du siehst, lieber Bruder Franziskus, wie wichtig mir das Abendmahl immer gewesen ist. Leider muss ich sagen, dass es unter evangelischen Christen nicht immer den Stellenwert erhalten hat, der ihm zukommt. Besonders in reformierten Gemeinden liegt das Abendmahl eher am Rande und wird selten gefeiert. Das ist gegen meine Intention. Was aber ein gemeinsames Abendmahl betrifft, eine gemeinsame Danksagungsfeier von katholischen und evangelischen Christen, so habe ich nicht deine Probleme. Denn ich bin der Meinung, dass Christus uns einlädt, und wenn er es tut, dann haben wir zu folgen. Die Fragen des Amtes und der legitimen Leitung der Eucharistie stehen für mich hinter dem Wort und Sakrament zurück. Sie sind Fragen der kirchlichen Struktur, die menschengemacht und deshalb veränderlich ist. Sicher müssen wir auch in diesem Punkt zu einer Lösung kommen, die den trennenden Graben zwischen uns überwindet.

Aber vorab gilt: Wenn du mit evangelischen Christen Abendmahl feiern und darin den Gott der Schöpfung loben willst – wie in *Laudato si* so schön beschrieben –, dann bist du aus meiner Sicht herzlich eingeladen. Geh doch einfach einmal von einem Licht ins andere, wie du selbst gesagt hast.

So möchte ich dir Mut machen zu einer gemeinsamen Feier des Abendmahls, der Eucharistie, das wünscht dir frei und keck

dein Bruder Martin,
Wittenberg

Liebe –
die Macht des Erbarmens

Lieber Bruder Martin,

herzlichen Dank für die Einladung. Aber so »keck und frei« bin ich im vatikanischen Staatsgebilde und im römischen Kuriengewusel dann doch nicht, dass ich deine nette Einladung annehmen könnte, ohne neue Probleme zu schaffen – ich bin schließlich, wie es ein Journalist genannt hat, ein »Papst unter Wölfen«. Von einem liebevollen Umgang miteinander kann hier nicht gesprochen werden, ganz im Gegenteil.

Damit sind wir aber bei der zweiten der drei göttlichen Tugenden, der Liebe. Für den von uns beiden geschätzten Paulus sind »Glaube, Hoffnung und Liebe« entscheidend, »doch am größten ist unter ihnen die Liebe«. Und in der Tat entscheidet sich das Leben eines Christen an seinem Glauben, dem Vertrauen auf Gott, an seiner Liebe zu Gott und seinen Nächsten und an seiner unerschütterlichen Hoffnung, über die wir in unseren nächsten Briefen sprechen sollten. Die Liebe aber muss uns besonders am Herzen liegen.

Gleichbedeutend mit dem vielschichtigen Begriff »Liebe« ist in der Bibel das Wort »Barmherzigkeit« – ein erbarmendes Herz haben, das wird in den Schriften des Alten und des Neuen Testaments zuerst von Gott selbst als Zuspruch an die Menschen ausgesagt. Daraus aber folgt auch der Anspruch Gottes an die Menschen, nun selbst zur Barmherzigkeit bereit zu werden und dieses Erbarmen in Wort und Tat umzusetzen. Wer Christ ist, geht nicht am Nächsten vorbei, das hat uns Jesus mit dem Gleichnis vom barmherzigen Samariter deutlich gemacht.

Weil dies so ist, habe ich ein Jahr der Barmherzigkeit ausgerufen. Es begann genau am 8. Dezember 2015, dem 50. Jahrestag des Endes des Zweiten Vatikanischen Konzils. Dies war ein Konzil, gegen das du, lieber Bruder Martin, sicher nichts einzuwenden hättest, denn es war, so hat es Papst Johannes XXIII. vorgegeben, ein Konzil nicht der Strenge, der Verurteilung, der Ausgrenzung, der Exkommunikation Andersdenkender, sondern ein Konzil, das auf den Menschen zuging, ihm mit Barmherzigkeit begegnete. Deshalb konnte auch Papst Paul VI., der das Werk des guten Johannes XXIII. fortsetzte, unterstreichen, »dass die Religion dieses Konzils die Nächstenliebe ist« und sich in Ermutigung, Respekt und Liebe zeigt.

Wenn wir im Blick auf Liebe und Erbarmen das Denken, Reden und Handeln von Christen in ihrer jeweiligen Zeit und Kultur angemessen darstellen wollen, dann ist es nötig, sich zuerst der Liebe und dem Erbarmen Gottes zuzuwenden, das wir am deutlichsten in Jesus und seinem Wirken erkennen können. Jesus zeigt uns, wie Gott uns barmherzig entgegenkommt. Wie er Menschen angenommen, wie er ihnen Worte der Heilung zugesprochen, wie er ihre Not gelindert und ihre Krankheit geheilt hat – so ist Gott selbst. »Barmherzigkeit«, so habe ich in meinem Einladungsschreiben zum Heiligen Jahr 2016 *Misericordiae vultus* – Antlitz der Barmherzigkeit – dargelegt, »ist der letzte und endgültige Akt, mit dem Gott uns entgegentritt. Barmherzigkeit ist das grundlegende Gesetz, das im Herzen eines jeden Menschen ruht und den Blick bestimmt, wenn er aufrichtig auf den Bruder und die Schwester schaut, die ihm auf dem Weg des Lebens begegnen. Barmherzigkeit ist der Weg, der Gott und Mensch vereinigt, denn sie öffnet das Herz für die Hoffnung, dass wir, trotz unserer Begrenztheit aufgrund unserer Schuld, für immer geliebt sind.« Barmherzigkeit ist gleichsam die innere Mitte des Glaubens.

Jesus vermittelt uns diese Liebe Gottes. Er ist der Bote der Barmherzigkeit, er ist der Weg, auf dem Gottes Liebe zu uns kommt, er ist das Licht, das die Liebe Gottes sichtbar werden lässt. Der Verfasser des Johannesevangeliums lässt Jesus sprechen: »Wie mich der Vater geliebt hat, so habe auch ich euch geliebt. Bleibt in meiner Liebe! Das trage ich euch auf: Liebt einander!« Wenn wir deshalb auf das Antlitz Jesu sehen, sehen wir das Antlitz von Gottes Barmherzigkeit.

Damit ist auch unser Auftrag als Christen vorgegeben: Wie Jesus und in seiner Nachfolge sollen wir auf die Menschen zugehen und ihnen die Güte und Zärtlichkeit Gottes durch unser Handeln bringen. Wir sind Boten der Barmherzigkeit, das muss jeden Tag aufs Neue unser Evangelium, unsere gute Botschaft sein. Dies prägt auch mein Leben. Denn als ich mir nach der Wahl zum Papst einen Leitspruch aussuchen musste, der auch Bestandteil meines Papstwappens werden würde, erinnerte ich mich an den Zöllner Matthäus. Dieser, so berichtet der Evangelist Matthäus, saß an seiner Zollstation, als Jesus vorüberging, ihn anschaute und ihn als Jünger auswählte. Der heilige Beda Venerabilis, ein angelsächsischer Benediktinermönch an der Wende zum 7. Jahrhundert, kommentierte diesen Vorgang mit den Worten, die er Jesus zuschrieb: »*Miserando atque eligendo* – ich erbarme mich und wähle dich aus.« Das ist auch meine Erfahrung und deshalb mein Wahlspruch: Jesus, zu dessen Gemeinschaft ich gehöre, hat mir sein erbarmendes Antlitz gezeigt und mich erwählt zu Werken der Barmherzigkeit.

Die Liebe und Barmherzigkeit, die uns von Gott geschenkt wird und die wir in Jesus, unserem Herrn, erkennen können, wird zu einer tiefen Lehre für unser Leben. Sie ist das Kriterium, an dem man erkennt, wer wirklich zur Gemeinschaft der Christen gehört und wer bekennt, dass er Kind Gottes ist. Wir sind aufgerufen, selbst Barmherzigkeit zu üben, weil uns bereits Barmherzigkeit geschenkt wurde. Dass Jesus die Barmherzigen selig pries, weil sie Erbarmen finden werden, verwundert somit nicht. Die Kirche insgesamt und jeder Christ in ihr muss deshalb von Barmherzigkeit erfüllt sein.

Ich habe das Wort geprägt, dass der »Tragebalken, der das Leben der Kirche stützt, die Barmherzigkeit ist«. Ich werde mich in meiner Position und mit all meinen Kräften dafür einsetzen, dass die oft so unbarmherzige Kirche zur Barmherzigkeit zurückfindet. Sie muss eine Kirche sein, die allen Menschen entgegengeht und niemanden ausschließt. Sie muss eine Kirche sein, in der der Mensch in seinen Höhen und Tiefen, in seiner Freude und seinem Leid einen höheren Stellenwert erhält als alle Vorschriften und Lehrsätze, als alle Rituale und Gesetze. Sie muss eine Kirche mit einem barmherzigen Antlitz sein.

Das Zweite ist dann, dass jeder Christ in seinem persönlichen Umfeld und nach seinen eigenen Möglichkeiten und Gaben zu einem lebendigen Körper der Barmherzigkeit wird, wie es der Prophet Jesaja sagt: »Es ist nötig, die Fesseln des Unrechts zu lösen, die Stricke des Jochs zu entfernen, die Versklavten freizulassen, jedes Joch zu zerbrechen, an die Hungrigen das Brot auszuteilen, die obdachlosen Armen ins Haus aufzunehmen, den Nackten zu bekleiden und dich deinen Verwandten nicht zu entziehen. Dann wird dein Licht hervorbrechen wie die Morgenröte, deine Gerechtigkeit geht dir voran, die Herrlichkeit des Herrn folgt dir nach.« Mehr als der Prophet brauche ich zu diesem Thema nicht zu sagen. Jetzt müssen wir handeln, nicht reden.

Lassen wir uns umarmen von der Barmherzigkeit Gottes, lieber Bruder Martin. Dies wünscht dir

dein Bruder Franciscus,

Rom

Lieber Bruder Franziskus,

deine Worte über die zweite göttliche Tugend, die Liebe, finde ich sehr angemessen. Aus der Barmherzigkeit Gottes muss sich die Barmherzigkeit der Menschen ergeben. Ich erinnere aber daran, dass es letztlich trotz dieser Forderung nicht auf die Werke des Menschen ankommt, sondern auf seinen Glauben und auf Christus. Ein Christ, so habe ich einmal gesagt, wird nicht zum Christen durch seine Werke, sondern durch Christus. Aber zum Verhältnis von Glauben und Werken haben wir schon manches gesagt, das bedarf keiner Wiederholung.

Schön finde ich auch, dass du erzählst, wie du zu deinem Wahlspruch gekommen bist, der auch dein Papstwappen ziert. Ich finde darin irgendwie das »Allein Christus«, das mir so sehr am Herzen liegt, und ich finde somit wiederum etwas Gemeinsames zwischen uns.

Auch ich habe eine Art Wappen, das als »Lutherrose« bekannt geworden ist. Ich habe es bereits im Jahr 1516 aus dem alten Wappen meiner Familie Luder entwickelt, es aber in Art eines kleinen Glaubensbekenntnisses als ein Merkzeichen meiner Theologie gestaltet. Im Jahr 1530, als ich in der Feste Coburg den Ausgang des Reichstages zu Augsburg abwartete, habe ich über die Lutherrose an den Nürnberger Ratsherr und Förderer der Reformation Lazarus Spengler wie folgt geschrieben:

»Das Erste soll ein schwarzes Kreuz sein, das in ein rotes Herz eingebettet ist. Dadurch soll ich mich immerfort daran erinnern, dass der Glaube an den Gekreuzigten uns selig macht. Schon im Römerbrief heißt es: ›Wenn man von Herzen glaubt, so wird man gerecht.‹ Obwohl es nun ein schwarzes Kreuz ist, das ein Zeichen des Todes ist und auch wehtut, bleibt das Herz in seiner Farbe rot. Denn das Kreuz verdirbt die Natur nicht, es tötet nicht, sondern erhält lebendig. Der Gerechte nämlich, so wiederum Paulus im Römerbrief, wird aus dem Glauben leben, aber aus dem Glauben an den Gekreuzigten.

Solches Herz aber soll mitten in einer weißen Rose stehen, um damit anzuzeigen, dass der Glaube Freude, Trost und Friede gibt: Eine weiße, fröhliche Rose des Glaubens aber gibt nicht Frieden und Freude wie die Welt: Deshalb auch soll die Rose weiß und nicht rot sein, weil Weiß die Farbe aller guten Geister und aller Engel ist.

Solche Rose wiederum steht in einem himmelfarbenen runden Feld, um anzuzeigen, dass solche Freude im Geist und im Glauben ein Anfang der himmlischen, zukünftigen Freude ist, die jetzt wohl im Innern schon begriffen und durch Hoffnung erfasst werden kann, aber noch nicht offenbar ist.

Um solch blaues Feld ist ein goldener Ring, der anzeigt, dass solche Seligkeit im Himmel ewig währt und kein Ende hat, auch köstlicher als alle irdische Freude und Güter ist, wie das Gold das höchste, edelste und beste Erz ist.«

Soweit meine Beschreibung der Lutherrose. Das Herz aber, das darin an zentraler Stelle steht, ist nicht nur ein Zeichen des Glaubens, sondern auch der Liebe, die sich aus dem Glauben ergibt und vom Glauben gespeist und gestärkt wird. Die menschliche Liebe jedoch ist, das hast du mit deinem Hinweis auf Gottes Barmherzigkeit ja ähnlich gesehen, lieber Bruder Franziskus, ist nur ein schwaches Abbild der Liebe Gottes. So habe ich gesagt: »Gott ist ein glühender Backofen voller Liebe, der da reicht von der Erde bis an den Himmel.« Und ich füge hinzu: Mittendrin in dieser Liebe Gottes, so wie das Herz in der Lutherrose, ist der Mensch in der Liebe Gottes geborgen.

Das Gleichnis Jesu vom barmherzigen Samariter ist auch mir bedeutsam geworden. Und in meinem Katechismus habe ich die beiden Tafeln der Gebote des Mose genau erklärt, wobei Gottesliebe und Nächstenliebe zwar auf getrennten Tafeln stehen, aber doch innerlich zusammengehören und nicht zu trennen sind. Nächstendienst und Gottesdienst sind deshalb eine Einheit – oder um es anders auszudrücken: Wenn ein jeglicher seinem Nächsten diente, so wäre die Welt voller Gottesdienst.

Im Großen Katechismus habe ich in zwei Abschnitten diesen Zusammenhang von Gottes Erbarmen und dem Erbarmen der Menschen aufgezeigt: Zum einen habe ich darauf hingewiesen, dass das Wort »Gott« von »gut« kommt, denn Gottes Wesen ist nicht anderes als Güte und alles Gute kommt von ihm. Er gibt uns Leib, Leben, Essen Trinken, Nahrung, Gesundheit, Schutz, Frieden und alles Nötige an zeitlichen und ewigen Gütern. Wir nennen Gott gut, weil er ein ewiger Quellbrunnen ist, der von lauter Güte überfließt und von dem alles, was gut ist und gut heißt, ausfließt.

Und zum anderen habe ich darauf hingewiesen, dass letztlich auch das Gute, das wir von anderen Menschen empfangen, nicht von ihnen, sondern von Gott selbst kommt. Denn alle haben ja Gottes Befehl und Anordnung, dass sie ihren Mitmenschen Gutes tun sollen. Wir empfangen also nicht von ihnen, sondern durch sie von Gott. Denn die Kreaturen sind nur die Hand, das Rohr und das Mittel, wodurch Gott alles gibt, wie er der Mutter Brüste und Milch gibt, um sie dem Kinde zu reichen, und wie er Korn und Gewächs aller Art aus der Erde zur Nahrung gibt. Das sind lauter Güter, die keine Kreatur selbst machen kann. Im Verschenken des Guten, das wir ja selbst empfangen haben, gliedern wir uns ein in Gottes Güte. Wir können schenken, weil wir selbst Beschenkte sind: Das ist das Wesen des Christentums und jeder Religion, in der wir unser Herz an den hängen, dem wir ganz und gar vertrauen. Insofern, um bei unseren alten Worten zu bleiben, erwachsen die guten Werke wiederum allein aus dem Glauben und nicht aus dem Menschen selbst und seiner Kraft.

In solchem Sinne Gutes zu tun, ist unerlässlich und ist nichts anderes, als Gottes Befehl und Anordnung auszuführen. Man soll dem Nächsten zur Seite stehen, das ist wichtiger als Kirchgang und Fasten, Ablassspenden und vielerlei Gebete. Ich sage es noch deutlicher, auch wenn du mich jetzt wieder der scharfen Worte schimpfst: »Man tut besser daran, wenn man dem Nächsten einen Pfennig gibt, als wenn man Petrus eine goldene Kirche baut. Denn Ersteres ist von Gott geboten, Petrus ist nicht geboten.« Doch wenn ich dies so schreibe, dann denke ich mir, dass du vielleicht mit einem solchen Wort sehr einverstanden bist, denn du sprichst und handelst doch ähnlich und bist ein Papst für die Armen.

So also sind wir uns in Bezug auf die zweite göttliche Tugend durchaus einig. Was du am Ende deines Briefes gesagt hast, kann ich nur wiederholen und unterstreichen: Jetzt müssen wir handeln, nicht reden!

In Verbundenheit

dein Bruder Martin,
Wittenberg

Hoffnung –
unser gemeinsames Ziel

Lieber Bruder Martin,

Glaube, Liebe, Hoffnung, so unser Weg durch die christlichen Haupttugenden – gleichsam drei Wegweiser, die uns helfen, auf dem richtigen Weg zu Gott zu bleiben. Wir sind Gottes Volk, das miteinander unterwegs ist, aber unterwegs zu einem Ziel, das wir mit unseren Augen noch nicht erkennen können, von dem wir aber im Herzen eine tiefe Hoffnung haben. Wir leben aus der Hoffnung. Sie gibt uns Kraft zum Glauben und auch zur tätigen Liebe zu Gott und dem Nächsten.

In meinem Schreiben über die Freude des Evangeliums habe ich einen Abschnitt wie folgt formuliert: »Allein dank der Begegnung mit der Liebe Gottes, die zu einer glücklichen Freundschaft wird, werden wir von unserer abgeschotteten Geisteshaltung und aus unserer Selbstbezogenheit erlöst. Unser volles Menschsein erreichen wir, wenn wir mehr als nur menschlich sind, wenn wir Gott erlauben, uns über uns selbst hinauszuführen, damit wir zu unserem eigentlichen Sein gelangen.«

Über uns selbst hinaus – das ist die christliche Hoffnung. Zu unserem eigentlichen Selbst gelangen – das ist die christliche Hoffnung. Mit Gott in einer glücklichen Freundschaft leben – das ist die christliche Hoffnung. Was nun können wir sagen über den Tod, über das Jenseits, über die Hoffnung, die über den Tod hinausschaut in eine neue Schöpfung? Was können wir über das »Über-uns-selbst-hinaus« sagen?

Ein Erstes ist die Unausweichlichkeit des Todes für alle Lebewesen. Der romantische Dichter Clemens Brentano, der in deinem Sprachraum zu Hause war, dichtete im frühen 19. Jahrhundert ein Erntelied, das mich durchaus an deine Sprache, lieber Bruder Martin, erinnert: »Es ist ein Schnitter, der heißt Tod, er mäht das Korn, wenn's Gott gebot; schon wetzt er die Sense, dass schneidend sie glänze, bald wird er dich schneiden, du musst es nur leiden; musst in den Erntekranz hinein, hüte dich, schöns Blümelein.«

Was hier im Sprachbild von einem Blümelein gesagt wird, gilt weit darüber hinaus für jedes Lebewesen, auch für uns Menschen. So kann das zweite Buch Samuel formulieren: »Wir alle müssen sterben und sind wie das Wasser, das man auf die Erde schüttet und nicht wieder einsammeln kann.« Und schon am Anfang der Bibel heißt es zum Schicksal des Menschen: »Staub bist du und zum Staube musst du zurück.« Ein chinesisches Sprichwort sagt: »Der Kluge weiß, dass der Tod immer in seiner Nähe ist.« Und in der Tat erleben wir ja jeden Tag, dass der Tod – bisweilen in unserer unmittelbaren Nähe – wieder einmal zuschlägt.

Doch das alles ist nur die eine Seite, ein Faktum, das auf den ersten Blick alles in ein fahles und hoffnungsloses Licht zu hüllen scheint. Doch es gibt auch die andere: Alle Religionen fordern die Menschen zu einer Hoffnung über die Grenze des Todes hinaus. Sie künden in einer bildhaften, symbolischen, metaphorischen Sprache – anders ist dies nicht möglich – davon, dass das Ende ein Anfang ist, der Tod ein Tor und dass Menschen zu einem neuen Leben geschaffen werden in Vollendung und unendlichem Glück, in Schalom, einem umfassenden Frieden und Heil für alle. Die Religionen der Welt sind *die* Hoffnungsträger der Menschheit und das Christentum ist unter ihnen deshalb bedeutend, weil es als zentralen Glaubensinhalt die Auferweckung des Jesus von Nazaret durch Gott bekennt, des Jesus, den wir den Christus nennen.

Deshalb auch sprechen wir im Apostolischen Glaubensbekenntnis, das die Christen unserer beiden Kirchen gemeinsam beten können: »Ich glaube an Jesus Christus, gekreuzigt, gestorben und begraben, am dritten Tage auferstanden von den Toten, aufgefahren in den Himmel.« Der Glaube der Christen beginnt mit Ostern, mit der Erfahrung der Jüngerinnen (diese zuerst!) und Jünger, dass der am Kreuz Gestorbene in neuer und unbegreiflicher Weise als Lebender begegnet. Deshalb findet sich in der Apostelgeschichte das Bekenntnis der ersten Gemeinde in Jerusalem: »Gott aber hat diesen Jesus von den Wehen des Todes befreit und auferweckt.« Solche Bekenntnisse finden wir auch in den Paulusbriefen, die früher als die Apostelgeschichte und die Evangelien geschrieben wurden. Im Römerbrief etwa heißt es: »Denn wenn du mit deinem Mund bekennst ›Jesus ist der Herr‹ und in deinem Herzen glaubst ›Gott hat ihn von den Toten auferweckt‹, so wirst du gerettet werden.« Du siehst, lieber Bruder Martin, auch ich lese den Römerbrief.

Jesus ist der Erste der von Gott Auferweckten. Doch er steht nicht für sich allein, sondern er wird zum Modell für alle Glaubenden. Mit der Auferweckung Jesu beginnt die Auferweckung aller, es beginnt neues Heil für alle, neue Hoffnung über den Tod hinaus. Nichts anderes ist gemeint, wenn Christen sagen, dass Jesus Heil von Gott bringt. Deshalb können Christen auch bekennen, dass Jesus ihre Hoffnung ist – er ist das Modell für den Durchgang durch den Tod hindurch hin zu Auferweckung und neuem Leben. Jesus ist das Tor zum Leben.

Das hat damals die Jüngerinnen und Jünger verändert. Sie ließen Angst und Resignation zurück und brachen mutig auf, um das Evangelium vom Auferweckten und damit die Hoffnung auf eigene Auferweckung zu verkünden. Christliche Mission damals wie heute ist also nichts anderes als die Verbreitung von Hoffnung.

Und dazu, lieber Bruder Martin, sind alle durch die Taufe berufen: Das Untertauchen in das Wasser, wie im alten Taufritus üblich und in manchen christlichen Gruppierungen auch heute noch praktiziert (leider ist das Begießen mit Wasser nur ein schwacher Abglanz des alten Zeichens), bedeutet das Sterben mit Christus, das Auftauchen aus dem Wasser bedeutet das Auferwecktwerden mit Christus. Oder mit einem anderen Bild gesprochen, das der Evangelist Johannes verwendet: »Wenn das Weizenkorn nicht in die Erde fällt und stirbt, bleibt es allein, wenn es aber stirbt, bringt es reiche Frucht.«

Im Glauben an den auferweckten Christus verändert sich unsere Sicht: Wir »sehen« über diese Welt hinaus. Der Tod ist nicht das Ende, sondern nur Durchgang. Wir gewinnen aus dem Glauben die Hoffnung: Leid und Tod werden ein Ende haben, weil wir, wie Jesus, im Tod in Gottes guten Armen gehalten und zu einer neuen Schöpfung auferweckt werden. Ostern ist deshalb mehr noch als Weihnachten die zentrale Feier des Kirchenjahres.

Natürlich bleibt unsere Zukunft im Ungewissen. Wir können über das, was dem Tod folgt, keine Aussagen im Sinne der Naturwissenschaften oder der Geschichtswissenschaft machen. Aber wir können in symbolisch-bildhafter Weise unserer Hoffnung Ausdruck geben. Und diese Hoffnung beruht auf Jesus, dem Christus Gottes, dem am Kreuz Gestorbenen und von Gott Auferweckten. Der Tod ist nicht das Ende, sondern uns erwartet Heil in Fülle. Ein Dichter des 20. Jahrhunderts, George Bernanos, hat diese christliche Hoffnung im Spruch zusammengefasst: »Es gibt nicht ein Reich der Lebenden und daneben ein Reich der Toten. Es gibt nur das Reich Gottes, und lebend wie tot sind wir alle in ihm.«

Diesen Trost schreibt dir, lieber Bruder Martin,

dein Bruder Franciscus,

Rom

155

Lieber Bruder Franziskus,

»Der Kluge weiß, dass der Tod immer in seiner Nähe ist«, ein weiser Spruch aus einem Land, das ich nicht kenne. Wohl aber kenne ich den Tod ganz nahe um mich herum. Wisse, dass ich mit meiner lieben Frau Käthe sechs Kinder hatte, doch zwei davon starben bereits in ihrer Kindheit: Die kleine Elisabeth wurde nur ein gutes Jahr alt, die liebe Tochter Magdalene verschied mit dreizehn Jahren. Nur vier Kinder sind mir geblieben – Johannes, Martin, Paul und Margarete. Ich weiß, was der Tod bedeutet. Als Magdalene starb, fiel ich vor ihrem Bett auf die Knie und weinte bitterlich. Ich betete, Gott wolle sie erlösen. Dann hauchte sie die Seele aus in den Händen des Vaters.

An meinen guten Freund Justus Jonas habe ich am folgenden Tag geschrieben: »Meine mir so teure Tochter Magdalene ist nun wiedergeboren zum ewigen Reich Christi, und obwohl ich und meine Frau nur fröhlich Dank sagen sollten für einen so glücklichen Hingang und seliges Ende, durch das sie der Gewalt der Welt entgangen ist, so ist doch die Macht der natürlichen Liebe so groß, dass wir es ohne Schluchzen und Seufzen des Herzens nicht vermögen. Es haften nämlich tief im Herzen die Blicke, Worte und Gebärden der lebenden und der sterbenden überaus gehorsamen und ehrerbietigen Tochter. Sie hatte einen sanften und ganz liebenswerten Charakter.«

Ich weiß sehr wohl, lieber Bruder Franziskus, was der Tod ist, ich habe ihn alle Tage vor Augen: wenn die Pest wütet, wenn Aufruhr ist, wenn Krankheit einen

Freund niederdrückt, wenn ich selbst auf vielfältige Weise leide. Wir sehen mit klarem Auge, dass alle sterben müssen, von Adam an bis zum Ende der Welt, und keiner ist ausgenommen. Auch muss jeder für sich dem Tod begegnen, keiner kann für den anderen sterben. Ein jeglicher muss in eigener Person geharnischt und gerüstet sein, um mit dem Tod zu kämpfen.

Ich habe einmal geschrieben: »Wer kann alle Gefahren des Todes erzählen, darin wir täglich schweben zu Wasser, im Feuer, auf dem Feld, zu Hause, in der Luft, auf Erden? So viele Tiere, so viele Seuchen sind um uns. Der fällt vom Dach, der vom Ross, der fällt in sein Messer; etliche hängen, erstechen, ersäufen sich selbst; der kommt sonst, der so um; der wird um Geldes willen, der um eines Weibes willen, der um eines Wortes willen, ja etliche um Wohltat willen erschlagen. Auf so mancherlei Tod müssen wir täglich gefasst sein.«

Doch wir wollen, lieber Bruder Franziskus, nicht vom Tod allein sprechen, sondern mehr noch von der Hoffnung, die uns Menschen bewegt und die gerade im Blick auf den Tod vonnöten ist. Allein die Hoffnung nämlich kann uns standhalten lassen vor dem Tod – eine Hoffnung, die sich aus dem Glauben ergibt. Mit dem Tod umgehen, ist die Schule des Glaubens. Mit dem Tod umgehen, das müssen wir lernen.

Hoffnung ist das Lebenselixier unserer Welt. Alles, was in der Welt geschieht, das geschieht aus Hoffnung. Kein Bauer würde auch nur ein einziges Korn aussäen, wenn er nicht hoffen würde, dass es aufgeht und reiche Frucht bringt. Kein Junggeselle würde ein Weib nehmen, wenn er nicht hoffen würde, Kinder mit ihr zu zeugen. Kein Kaufmann oder Tagelöhner würde arbeiten, wenn er sich nicht Lohn und Gewinn davon erhoffen würde. Und solcherart kann man viele Beispiele finden.

Das Wichtigste unter den drei großen Tugenden ist die Hoffnung, die den Tod besiegt. Viele Menschen haben die Hoffnung, dass sie lange leben – dies ist ihnen eingepflanzt. Daher kommt es, dass die Menschen all ihr Mühen und Denken darauf ausrichten, als könnten sie ewig auf dieser Erde leben. Und doch ist ihnen der Tod immer auf den Fersen und ihr nächster Nachbar. Eine Hoffnung also, die über den Tod hinausführt, muss anders aussehen.

Diese Hoffnung klingt an in einem alten lateinischen Lied *Media vita in morte sumus*. Vor nicht langer Zeit ist dieses Lied in Salzburg ins Deutsche übersetzt worden. Du kennst sicher den Text, aber ich führe ihn hier noch einmal auf: »Mitten wir im Leben sind mit dem Tod umfangen. Wer ist, der uns Hilfe bringt, dass wir Gnad erlangen? Das bist du Herr, alleine. Uns reuet unsre Missetat, die dich, Herr, erzürnet hat. Heiliger Herre Gott, heiliger starker Gott, heiliger barmherziger Heiland, du ewiger Gott: lass uns nicht versinken in des bittern Todes Not. Kyrieleison.«

Dieses Lied hat mich so beeindruckt, dass ich dazu zwei weitere Strophen gedichtet habe und ich bin froh, dass alle drei noch in Gesangbüchern eurer Zeit enthalten sind. Am Schluss des Liedes habe ich den Vers geschrieben: »Lass uns nicht entfallen von des rechten Glaubens Trost. Kyrieleison.« Ich sage und glaube also, dass alles in diesem Leben ein Schatten künftiger Dinge ist, auf die wir hoffen dürfen, weil unser Gott ein barmherziger Heiland ist, ein Retter aus Leid und Tod. Gott hat uns in unserer Geburt das Größte geschenkt, was auf der Erde denkbar ist: unser Leben. Gott will uns in unserem Tod wiederum das Größte schenken, was im Himmel denkbar ist, das ewige Leben. Deshalb auch können wir ihm unseren Leib und unsere Seele anvertrauen. Deshalb dürfen wir, wenn das letzte Stündlein kommt, unser Taufkleid anziehen und als Kinder Gottes das ewige Leben erwarten.

Wahrlich, ich vertraue darauf: Der Herr Christus ist gestorben und wurde begraben – ich auch. Der Herr Christus ist danach erstanden und aufgefahren gen Himmel – ich auch. Nicht den Tod, nicht das Grab, nicht das Totenaas sollen wir Christenmenschen sehen, sondern eitel Leben und einen schönen lustigen Garten und Paradies, darin kein Toter, sondern eitel neue, lebendige, fröhliche Menschen sind. Das glaube ich, der Doktor Martin Luther.

Deshalb auch, lieber Bruder Franziskus, glauben wir, dass wir am Jüngsten Tag wiederauferstehen, als hätten wir nur eine Nacht geschlafen, und wir werden frisch und stark sein. Unsere Kirchen dürfen deshalb auch keine Klagehäuser sein, sondern Ruhestätten. Wir singen auch kein Trauerlied noch Leidgesang bei unseren Toten und Gräbern, sondern tröstliche Lieder von Vergebung der Sünden, von Ruhe, Schlaf, Leben und Auferstehung der verstorbenen Christen, damit unser Glaube gestärkt wird.

Aus diesem Glauben heraus lebe ich, in diesem Glauben werde ich sterben, in diesem Glauben kann ich, wie ich es nur wenige Tage vor meinem Tod gesagt habe, sprechen: »Wenn ich wieder heim nach Wittenberg komme, so will ich mich alsdann in den Sarg legen und den Maden einen feisten Doktor zu essen geben.« Der Teufel hat mir den Tod geschworen, aber er wird in eine taube Nuss beißen, denn ich ergebe mich in die guten Hände Gottes.

Das glaubt und bekennt

dein Bruder Martin,
Wittenberg

Die Freude des Evangeliums

Lieber Bruder Martin,

Glaube, Liebe, Hoffnung, die drei »göttlichen Tugenden«, dazu die anderen Tugenden Klugheit, Gerechtigkeit, Tapferkeit und Mäßigung – das sind Wegweiser für unseren Lebensweg. Die ersten drei haben wir ausführlich bedacht. Ich möchte diesen drei noch eine weitere Haltung hinzufügen, die meiner Meinung nach das Leben jedes Christen prägen soll und muss: die Freude. Aus Glaube, Liebe und Hoffnung ergibt sich die Freude – die Freude des Glaubens, die Freude der Liebe, die Freude der Hoffnung. Und ich halte die Freude für *das* Kennzeichen eines wahren Christen.

Lasst uns also über die Freude sprechen – dies auch deshalb, weil ich glaube, dass du, lieber Bruder Martin, manchmal zu sehr in Gedanken von Schuld und Sünde, von Reue und Buße, vom – sicher notwendigen – Streben nach Vergebung und oft genug von Tod und Teufel gefangen bist. Manchmal sind mir deine Gedanken, verzeih, dass ich so offen spreche, aber wir sind ja Brüder, zu dunkel, zu bedrückend. Christliche Freude strahlt wohl zu wenig aus und dabei ist sie doch entscheidend.

Die christliche Freude ist nicht irgendeine Freude, sondern die Freude des Evangeliums, der guten Botschaft von Jesus, unserem Herrn und Heiland. Deshalb auch habe ich mein erstes großes Apostolisches Schreiben an alle im kirchlichen Amt und ebenso an alle Laien genannt: *Evangelii gaudium* – die Freude des Evangeliums. Denn wir Christen besitzen doch in der Tat eine übergroße Freude, die unser Leben aufbaut und prägen kann. Die Einleitungssätze meines Schreibens lauten:

»Die Freude des Evangeliums erfüllt das Herz und das gesamte Leben derer, die Jesus begegnen. Diejenigen, die sich von ihm retten lassen, sind befreit von der Sünde, von der Traurigkeit, von der inneren Leere und von der Vereinsamung. Mit Jesus Christus kommt immer – und immer wieder – die Freude.« Ich habe danach darauf hingewiesen, dass die Bücher des Alten Testaments immer wieder die Freude des Heils angekündigt haben. In der messianischen Zeit wird es Freude im Überfluss geben, so wie der Prophet Jesaja über den Messias schreibt: »Du erregst lauten Jubel und schenkst große Freude. Man freut sich in deiner Nähe.«

Derselbe Jesaja hat visionär das Festmahl auf dem Berg Zion beschrieben, das Gott der Herr für alle bereiten wird und bei dem überreiche Freude herrschen wird: »Der Herr der Heere wird auf diesem Berg für alle Völker ein Festmahl geben mit den feinsten Speisen, ein Gelage mit erlesenen Weinen. Gott, der Herr, beseitigt den Tod für immer, er wischt die Tränen ab von jedem Gesicht.« Mehr noch: Der Prophet Zefanja schildert ebenso visionär, wie Gott selbst zum Mittelpunkt solcher Freude werden wird: »Der Herr, dein Gott, ist in deiner Mitte, ein Helfer, der Rettung bringt. Er freut sich und jubelt über dich, er erneuert seine Liebe zu dir, er jubelt über dich und frohlockt.«

An dieses Denken kann Maria anknüpfen, wenn sie im Loblied bekennt. »Mein Geist jubelt über Gott, meinen Retter.« Und Jesus selbst verheißt seinen Jüngern ebensolche Freude, so wie es bei Johannes heißt: »Ihr werdet bekümmert sein, aber euer Kummer wird sich in Freude verwandeln. Ich werde euch wiedersehen; dann wird euer Herz sich freuen, und niemand nimmt euch eure Freude.«

Natürlich gibt es bei jedem Menschen Lebenslagen, in denen keine Freude da ist; es gibt vielfältigen Kummer, manches, auch unerträgliches, Leid, viel an Krankheit und Behinderung, Schmerz über Verlust und Angst vor der Zukunft. Aber dennoch – und gerade in solche Situationen hinein – ist die Botschaft des Evangeliums gesprochen, wie sie der Engel den Hirten auf dem Feld verkündete: »Fürchtet euch nicht, denn ich verkünde euch eine große Freude, die dem ganzen Volk zuteil werden soll.« Es darf demnach nicht sein, dass es Christen gibt, deren »Lebensart wie eine Fastenzeit ohne Ostern erscheint«. Immer muss die österliche Freude, die Freude des Sieges Christi über den Tod durchscheinen und das irdische Leben transparent machen auf die Freude des jenseitigen.

Ich erkenne diese innere Freude etwa an meinem Namenspatron, dem heiligen Franz von Assisi. Bei aller Armut, in allem Leid war er immer fröhlich. Er war ergriffen von einer inneren Freude, die ihn – sogar im Alter und vollständig erblindet – das Lied *Laudato si, o mi signore* singen ließ: »Sei gepriesen, o mein Herr für all die vielen Werke deiner Schöpfung, sei gepriesen für die Sonne und ihr Licht, für das Wasser und seine Lebenskraft, für die Menschen in allen Völkern, sei gepriesen für Tod und Leben.« Er war der kleine, frohe Bruder Franz, der den Menschen im Dunkeln Licht brachte, den Trauernden Freude schenkte, den Verzweifelten Hoffnung. Und all das geschah bei ihm vom Evangelium her.

Solche Freude des Evangeliums ist ein überaus wichtiger Gegenpol zu dem, was manche vom christlichen Glauben halten – du vielleicht auch ein wenig? Für sie ist die christliche Botschaft nicht befreiend und frohmachend, sondern ängstigend und unterdrückend. Da werden Ängste geschürt vor Sündenstrafen und Höllenfeuer, vor Gericht und Verderben, vor Sterben und Tod. Da gibt es Zwang und Drohung, werden Menschen klein gemacht.

Doch all das darf nicht unsere christliche Verkündigung prägen. Nicht Angst wollen wir verbreiten, sondern Hoffnung, nicht Dunkelheit schaffen, sondern Licht, nicht Druck ausüben, sondern zur Freiheit führen, keine Drohbotschaft verkünden, sondern eine Frohbotschaft. Natürlich gibt es im Evangelium – und dies deutlich genug – auch die Ermunterung zu Buße und Umkehr, aber es gibt – denk an Zachäus – vor allem Beispiele, wie eine solche Umkehr zu Fest und Freude führt, zum Festmahl einer übergreifenden Gemeinschaft. Das Evangelium, das Jesus brachte, war geprägt von der Barmherzigkeit und Menschenfreundlichkeit Gottes. Das Evangelium Jesu also ist aufbauend, befreiend und schenkt Freude, das dürfen Christen nie vergessen.

Diese Freude des Evangeliums soll auch mein Pontifikat prägen. Wenn ich auf Menschen zugehe, dann nicht als Richter und einer, der verurteilt – wer bin ich denn, dass ich solches tun könnte? Wenn ich auf Menschen zugehe, dann möchte ich in der Nachfolge Jesu die am Boden Kauernden aufrichten, ihnen zu einem aufrechten und freien Gang verhelfen und ihnen durch die Freude des Evangeliums einen Weg zu einem gelingenden Leben zeigen. Nicht von oben herab möchte ich handeln, sondern als Bruder aller. Ich möchte den Menschen keine schweren Lasten auferlegen durch allerlei kirchliche Vorschriften, Gesetze und Anordnungen, unter denen du, lieber Bruder Martin, ja auch gelitten hast. Vielmehr möchte ich Folgendes tun, so habe ich es in meiner Einführungspredigt am Anfang meines Pontifikats gesagt: »Jeden Mann und jede Frau zu behüten mit einem Blick voll Zärtlichkeit und Liebe bedeutet: den Horizont der Hoffnung zu öffnen, bedeutet, all die Wolken aufzureißen für einen Lichtstrahl, bedeutet, die Wärme der Hoffnung zu bringen.«

Hoffnung und Freude gehören zusammen; davon bin ich geprägt und du hoffentlich auch

dein Bruder Franciscus,
Rom

Lieber Bruder Franziskus,

du vermutest, dass ich in Gedanken von Schuld und Sünde, von Hölle und Teufel gefangen bin und wohl zu wenig die christliche Freude ausstrahle. Nun, für den ersten Teil meines Lebens gilt dies in der Tat. Denn da war ich gefangen im »großen Aberglauben der römischen Tyrannei«, wie ich es im Jahr 1520 in meiner Schrift »Von der babylonischen Gefangenschaft der Kirche« ausgedrückt habe. Da war ich gefangen als Mönchlein in Vorschriften, Fasten und Tagesregeln, da war ich gefangen in Gedanken von Sünde und Untergang, da war ich gefangen im Bestreben, durch Werke einen Ablass meiner Schuld zu bewirken. Ich war damals gefangen in der Dunkelheit all der Werke, die von der kirchlichen Obrigkeit vom Christenmenschen verlangt wurden, ich brauche dir diese Dinge nicht noch einmal aufzuzählen.

Damals war ich entsetzt, wenn ich die Worte »gerecht« und »Gottes Gerechtigkeit« auch nur hörte. Doch kam für mich der Umbruch im Turmzimmer des Klosters, als ich den Römerbrief las – ich habe dir davon bereits berichtet. Nun stand ich nicht länger unter dem Gesetz des Papstes, sondern unter dem Gesetz Christi. Und ich erkannte: »Das Kreuz der Päpste ist nicht von gleichem Wert wie das Kreuz Christi.« Dies formulierte ich in meinen 95 Thesen zum Ablass. Ich erfuhr in meinem Innersten, dass mein Christus lebt, damit ich das Leben habe. Deshalb wollte ich mit größerer Sorgfalt Gottes Wort beachten als die Gedanken aller Menschen und Engel. So habe ich mich gewandelt von einem Diener der Traurigkeit zu einem Diener der Freude. Ich bin aufgebrochen, die »Freude des Evangeliums« ohne alle Zusätze und Verfälschungen zu den Menschen zu tragen – vielleicht ähneln wir beide uns in diesem Anliegen.

Nicht länger wollte ich ein Klosterherr sein, sondern ein froher Diener aller. Darin folgte ich dem Apostel Paulus, der in seinem zweiten Brief an die Gemeinde in Korinth geschrieben hat: »Nicht dass wir Herren wären über euren Glauben, sondern wir sind Gehilfen eurer Freude, denn ihr steht im Glauben.« Und anders gesagt, Paulus ein wenig verändert: Der Buchstabe des römischen Gesetzes tötet, der Geist des Evangeliums aber macht lebendig und führt zu übergroßer Freude.

Immer wieder habe ich in meinen Predigten über die Freude gesprochen, in meinen Tischgesprächen habe ich dieses Thema fortgeführt und gesagt: »Ein Christ soll ein fröhlicher Mensch sein, denn Gott will, dass wir fröhlich sind; er hasst die Traurigkeit, allerdings nicht die Traurigen. Wenn er nämlich gewollt hätte, dass wir traurig sein sollen, hätte er uns nicht die Sonne, den Mond und die anderen Schätze der Erde geschenkt. Dies alles gibt er uns zur Freude. Sonst hätte er allein die Finsternis geschaffen und nicht zugelassen, dass die Sonne immer wieder aufgeht und dass der Sommer wiederkommt.« Ähneln diese Sätze, lieber Bruder Franziskus, nicht ein wenig dem Sonnengesang des von dir verehrten Franz von Assisi? Die Welt ist voller alltäglicher Wunder und deshalb dürfen wir uns freuen – jeden Tag aufs Neue.

Umgekehrt kommen Traurigkeit und Schwermut vom Teufel, dem Herrn des Todes und der Dunkelheit. Wenn ein Mensch betrübt ist und sich ängstigt, er habe einen ungnädigen Gott – so wie ich es damals in hohem Maß tat –, dann sind diese Angst und Traurigkeit gewiss des Teufels Werk. Doch ich habe erkannt und in der Folge alle gelehrt, dass unser Gott nicht betrübt, nicht schreckt, nicht tötet, weil er ein Gott der Lebendigen ist. So auch hat der Apostel geschrieben: »Freuet euch in dem Herrn allewege, und abermals sage ich: Freuet euch! Eure Güte lasst kund sein allen Menschen! Der Herr ist nahe! Sorgt euch um nichts!« Alle Freude, Trost, Friede, gutes Gewissen und fröhliches Herz kommen in Christus von Gott. Und als Glaubender, dies habe ich selbst mühsam lernen müssen, kann ich zufrieden sagen: »Welt, Sünde, Tod, Hölle, lasst mich zufrieden! Ihr habt an mir keinen Teil; und wenn ihr mich nicht lebendig lassen wollt, so schlagt mir ruhig den Kopf ab. Das schadet mir nicht, denn ich habe einen, der wird ihn mir wohl wieder aufsetzen.«

Es kann also nicht die Art eines christlichen Herzens sein, keinerlei Freude zu haben. Vielmehr: Man muss die Freude haben oder man ist nicht Christ. Natürlich haben wir unsere Sorgen, natürlich müssen wir arbeiten, um leben zu können, zudem gibt es mancherlei Mühe, aber alles mit rechtem Maß und Ziel. Denn es gilt auch: Man kann Gott nicht allein mit Arbeit dienen, sondern auch mit Feiern und Ruhen – und vielleicht mit diesen noch viel mehr als mit anderem.

Ich erinnere an das Wort des Predigers Salomo: »Darum pries ich die Freude, dass der Mensch nichts Besseres hat unter der Sonne, als zu essen und zu trinken und fröhlich zu sein. Das bleibt ihm bei seinem Mühen sein Leben lang, das Gott ihm gibt unter der Sonne.«

Deshalb habe ich die Musik geliebt, denn sie ist erstens ein Geschenk Gottes und zweitens macht sie fröhliche Herzen; drittens verjagt sie den Teufel; viertens bereitet sie unschuldige Freude. Darüber vergehen Zorn und Hochmut. Also singt, ihr Christen, denn fröhlich und lustig muss Herz und Mut sein, wo man aus ganzem Herzen singt. Die Musik ist das beste Labsal für einen betrübten Menschen, denn durch Singen und Musik wird das Herz wieder zufrieden und erfrischt.

Deshalb habe ich auch Essen und Trinken geliebt und ordentlich zugelangt, sodass ich einmal gesagt habe: »Ich fresse wie ein Böhme und saufe wie ein Deutscher, das sei Gott gedankt. Amen.« Auch Essen und Trinken gehören zu den Geschenken, über die wir uns freuen dürfen. Und besonders ist der Wein unter allen Früchten der Erde das Alleredelste, weil er das Herz des Menschen erquickt und erfreut.

Deshalb auch habe ich meine liebe Käthe und meine lieben Kinder von Herzen recht gern gehabt. Auch sie sind mir Freude und übergroßes Vergnügen, auch sie sind ein überreiches Geschenk Gottes.

Du siehst, lieber Bruder Franziskus, ich bin einem guten und lustigen Leben nicht abgeneigt. Wenn ich mich auch zu Beginn dem Zwang und dem Fasten der Mönche unterworfen habe, so habe ich danach erkannt, welch schöne Werke Gott für uns auf der Erde bereitet hat und dass wir sie mit Freuden genießen können.

Ein Christ also soll und muss ein fröhlicher Mensch sein. Wenn er es nicht ist, dann ist er vom Teufel versucht. Und diese Freude des Christen kommt ganz und gar aus dem Glauben. So habe ich gesagt: »Die Freude ist der Doktorhut des Glaubens.«

Die Freude des Glaubens, die Freude des Evangeliums wünsche ich dir,

dein Bruder Martin,
Wittenberg

Von Juden und Türken und allen Menschen

Lieber Bruder Martin,

beeindruckend schreibst du über die Freude und über dein Leben mit seinen Entwicklungen und Veränderungen. Ich staune auch manchmal, wie sehr dein Denken in den Schriften der Bibel verwurzelt ist und wie sehr du dich um einen Glauben bemühst, der von allen Äußerlichkeiten befreit ist und allein an Christus Maß nimmt. Um es deutlich zu sagen. Ich erkenne dich als christlichen Bruder an und weigere mich, dich in irgendeiner Weise zu verurteilen, wie es manche hier in Rom erwarten.

Aber ich bin in einer wichtigen Sache irritiert und sogar entsetzt – das betrifft deine Polemik gegen das Papsttum, gegen die Türken und vor allem gegen die Juden. Zum Papsttum haben wir bereits etwas gesagt, deine Polemik dazu sei vergessen. Denn wir haben in der Folge doch mancherlei Gemeinsamkeiten entdeckt und ich denke, dass auch du anerkennst, dass mein Dienst als Papst nicht mit der Machtausübung der Päpste zu deiner Zeit zu vergleichen ist.

Was die Türken betrifft, so hast du natürlich die Situation deiner Zeit vor Augen: Im Jahre 1526 vernichteten die osmanischen Türken das ungarische Heer in der Schlacht von Mohacs an der südlichen Grenze von Ungarn. Und nur drei Jahre später schloss das osmanische Heer zum ersten Mal die große Stadt Wien für drei Wochen ein; das ganze Abendland zitterte vor Angst und Schrecken vor den Türken. Dass du in dieser Situation die Türken als Bedrohung nicht nur der europäischen Länder, sondern auch des christlichen Glaubens ansahst, kann ich nachempfinden, auch, dass du die kaiserlichen Soldaten auffordertest, mit ganzer Kraft gegen den Aggressor zu kämpfen. Doch sprachst du den Muslimen in grundsätzlicher Weise allerlei Übel zu – Morden und Rauben nach Belieben, als ob christliche Soldaten anders handeln würden; Ehebruch, weil Muslime vier Frauen haben dürfen, doch ist denn bei uns in unseren Ehen alles in Ordnung? Du sprichst den Muslimen jeden rechten Glauben ab, weil sie Jesus nicht als der Welt Heiland ansehen. Deshalb sind sie ein Unheil für die Welt, wie du in einem Lied geschrieben hast: »Erhalt uns, Herr, bei deinem Wort, und steur' des Papst und Türken Mord, die Jesum Christum, deinen Sohn, wollten stürzen von deinem Thron.«

Mit Verlaub, lieber Bruder Martin, das ist doch eine billige und platte Polemik, die den Muslimen und der Religion des Islam nicht gerecht wird! Den Begriff Islam scheinst du nicht zu kennen, du erwähnst nirgendwo, dass es sich bei dieser Religion um eine tiefe »Hingabe an Gott« handelt, wie es das arabische Wort ausdrückt. Nun, dass du vieles über Mohammed und den Islam nicht wissen konntest, kann dir niemand zum Vorwurf machen. Aber dass du in harter Form über Muslime – die Türken, wie du sagst, denn andere Muslime kennst du nicht – urteilst, das geht nicht. Wo bleibt die Liebe? Die Liebe zu den Feinden?

Doch schlimmer noch finde ich deine ausufernden Beschuldigungen der jüdischen Mitbürger deiner Zeit und des Judentums überhaupt. Natürlich siehst du von deinem theologischen Denken her einen deutlichen Unterschied zwischen der Botschaft des Evangeliums und dem Vertrauen der Juden auf möglichst strikte Einhaltung des mosaischen Gesetzes, um so Gottes Willen zu erfüllen – Evangelium kontra Gesetz ist für dich, auf Paulus aufbauend, die Alternative. Aber die theologischen Unterschiede, die ich natürlich als Christ durchaus sehe, berechtigen nicht zu einer absolut maßlosen Polemik.

Ich habe deine im Jahr 1543 erschienene Schrift »Von den Juden und ihren Lügen« gelesen und bin zutiefst erschüttert. Dies, weil ich die Auswirkungen dieses Schreibens und deines antijüdischen Denkens im 20. Jahrhundert kennengelernt habe. Die Shoah, der Holocaust, die Vernichtung der Juden durch das deutsche nationalsozialistische Regime steht durchaus in Beziehung zu deinen Worten. Natürlich hast du als gläubiger Mensch mit dieser gottlosen Diktatur nichts zu schaffen, aber deine Worte und Schriften wurden als Beleg für ein gottloses Verbrechen genommen, das jedes bis dahin gekannte Ausmaß überstieg. Und es waren protestantische Christen, die sogenannten »Deutschen Christen«, die sich bei der Verfolgung von Juden auf dich beriefen und das noch nicht einmal zu Unrecht. Denn was du in der Judenschrift dargelegt hast, ist gleichsam eine Blaupause für ein Pogrom an den Juden, wie es immer wieder von Christen und der christlichen Kirche, aber schließlich im Übermaß von den Nationalsozialisten durchgeführt wurde.

Deine Worte: »Ich will für den Umgang mit den Juden meinen treuen Rat geben: Erstlich, dass man ihre Synagoga und Schule mit Feuer anstecke, und was nicht verbrennen will, mit Erde überhäufe und beschütte, dass kein Mensch einen Stein oder Schlacke davon sehe ewiglich.« In der Reichspogromnacht, die beschönigend Reichskristallnacht genannt wird, geschah im Jahr 1938 genau dies. Und weiter: »Zum andern, dass man auch ihre Häuser dergleichen zerbreche und zerstöre. Zum Dritten, dass man ihnen nehme alle ihre Betbüchlein und Talmudisten, darin solche Abgötterei, Lügen, Fluch und Lästerung gelehrt wird.« Mit einer Bücherverbrennung hat im Jahr 1933 der nationalsozialistische Albtraum begonnen. Schließlich: »Zum Vierten, dass man ihren Rabbinen bei Leib und Leben verbiete, zu lehren ... Zum Sechsten, dass man ihnen nehme alle Barschaft und Kleinode an Silber und Gold.« Wenn man in einem der vielen Vernichtungslager dargestellt sieht, wie den Juden vor dem Tod in der Gaskammer aller Besitz abgenommen wurde, läuft es einem bei deinen Worten eiskalt den Rücken herunter.

Doch genug zu diesem Thema, es ist einfach nur schlimm. Du wirst sicher sagen, dass auch die katholische Kirche genügend Dreck am Stecken hat – und in der Tat, das stimmt, mit großem Schmerz muss ich das bekennen. Aber ich möchte dir zum Ende dieses Briefes eine Perspektive aufzeigen, wie wir sie im Zweiten Vatikanischen Konzil in der Erklärung über die nichtchristlichen Religionen gefunden haben. Hier wird ein anderer Weg sichtbar, wie man mit Muslimen und Juden umgehen kann – nur einige Sätze:

»Die katholische Kirche lehnt nichts von alledem ab, was in den Religionen wahr und heilig ist. Denn diese lassen oft genug einen Strahl jener Wahrheit erkennen, die alle Menschen erleuchtet.« – »Mit Hochachtung betrachtet die Kirche auch die Muslim, die den alleinigen Gott anbeten ... Die Synode ermahnt alle, das Vergangene beiseite zu lassen und sich aufrichtig um gegenseitiges Verständnis zu bemühen.« – »Man darf die Juden nicht als von Gott verworfen oder verflucht darstellen, als wäre dies aus der Heiligen Schrift zu folgern. Die Kirche beklagt alle Hassausbrüche, Verfolgungen und Manifestationen des Antisemitismus.« – »Die Kirche verwirft jede Diskriminierung eines Menschen oder jeden Gewaltakt gegen ihn um seiner Rasse oder Farbe, seines Standes oder seiner Religion willen.«

Solche Einstellungen und Haltungen, lieber Bruder Martin, müssen Christen prägen, nicht Hass und Polemik. Denke doch einmal darüber nach. Darum bittet dich

dein Bruder Franciscus,
Rom

Lieber Bruder Franziskus,

es fällt mir schwer, dir auf deinen letzten Brief zu antworten, denn du hast einen wirklich wunden Punkt genannt, für den ich mich rückblickend nur schämen kann. Vielleicht hat mich das zu meinem Verhalten und meinen scharfen Worten bewegt, was der Psalmist auf den Tempel bezieht, wenn er sagt: »Der Eifer um dein Haus hat mich gefressen.« So könnte ich sagen: »Der Eifer um dein Wort hat mich gefressen.« Er hat mich in der Tat zu einem lieblosen und unchristlichen Tun verführt. Aber das soll keine Entschuldigung sein.

Dennoch will ich auch einiges aufzählen, was deine Sicht vielleicht ein wenig differenzierter werden lässt und dies genau in der von dir genannten Reihenfolge: Papst – Türken – Juden.

Zu meiner Kritik am Papst hast du bereits unterschieden zwischen dir und den Päpsten zu meiner Zeit, die wie der Borgia Alexander von Hurerei, wie Julius von Machtstreben und Krieg, wie der Medici Leo von Prunk und Protz bestimmt waren und das Volk Gottes jeder auf seine Weise ausbeuteten. Ihnen musste meine Kritik ebenso gelten wie dem ganzen römischen Hofstaat, der ein Hofstaat des Teufels war und kein Hofstaat des Evangeliums. Du hättest, davon bin ich inzwischen überzeugt, sicher in gleicher Weise Kritik an solchen Verhältnissen geübt und dich mit aller Kraft gegen die Verfälschung des Evangeliums gestemmt. Aber es ist auch richtig, dass das Papsttum in deiner Zeit anders geworden ist. An deiner Person und Amtsführung kann man dies deutlich erkennen.

So viel zum Ersten. Zum Zweiten, was die Türken betrifft: Ich war Kind meiner Zeit und habe mit allen in Europa gezittert und gebangt ob der Türken blutigen Ansturm und Erfolge auf dem Balkan. Für uns war dies alles ein endzeitliches Geschehen, wo Krieg und Hunger überhand nehmen und der Teufel die Macht auf der Erde übernimmt, bevor Gott und seine Engel eingreifen. Konstantinopel, das östliche Rom, war bereits in die Hände der Türken gefallen. Nun war auch Wien bedroht, die Kaiserstadt der Habsburger, die Stadt des Heiligen Römischen Reiches Deutscher Nation. Kein Wunder, dass ich, wie alle anderen auch, laut getönt habe, dass der Teufel Mohammed verführt habe, um den Christen zu schaden, und dass auch das Buch der Muslime, der Koran, ein teuflisches Werk sei, das dem Evangelium entgegensteht.

Allerdings bin ich mir nicht sicher, ob du weißt, dass ich nicht nur die ganze Bibel in die deutsche Sprache übersetzt habe (nicht als Erster, wohl aber als einer der Ersten), sondern auch einige Teile des Koran – und bei diesem Unterfangen war ich der Erste. Natürlich konnte ich Hebräisch und Griechisch für meine Bibelübersetzung, aber Arabisch für den Koran konnte ich nicht. Ich musste mich deshalb auf die lateinische Übersetzung des Ricoldus stützen, die mir zwar polemisch gefärbt zu sein schien, aber eine andere Möglichkeit hatte ich nicht. Dennoch war mir wichtig, dass der Koran (oder zumindest Teile daraus) in deutscher Sprache zu lesen war. Denn dann würde dieser Text für sich selbst sprechen und alle Leser könnten vergleichen zwischen dieser unheilvollen Botschaft und der heilsamen Botschaft der Bibel.

Keineswegs habe ich den Glauben der Türken in Bausch und Bogen abgelehnt. Ihr Glaubensbekenntnis »Es gibt keinen Gott außer dem einen Gott« kommt mir zwar eigenartig vor, denn zu sagen, dass Gott Gott ist, macht ebenso wenig Sinn wie wenn man sagt: »Es ist kein Esel, denn ein Esel.« Man weiß doch, dass ein Esel kein Ochs oder Hund ist. Auch dass Mohammed der Gesandte Gottes ist, kann ich nicht glauben. Er war ein Hurenjäger, dem vierzig Frauen nicht genug waren, so erzählte man zumindest in meiner Zeit. Nein, für mich war neben diesem entscheidend, dass Jesus nicht als Sohn Gottes bekannt wird, sondern nur – durchaus ehrerbietig – als Prophet Gottes und Vorläufer des Mohammed. Wer Christus leugnet, der kann nicht zu Gott gelangen – so meine Meinung und die vieler in meiner Zeit. Dass ihr in eurem Konzil so offen gegenüber anderen Religionen seid, von denen ich außer vom Judentum und Islam nichts weiß, erstaunt und verwirrt mich in hohem Maß. Aber die Zeiten ändern sich und auch das Denken der Menschen.

Doch nun zum Schlimmsten, was ich geschrieben habe, zu meinem Buch über die Juden und ihre Lügen. Es gab im Kurfürstentum Sachsen, meiner Heimat, nur sehr wenige Juden, sie durften sich ab 1536 überhaupt nicht mehr in diesem Land aufhalten und es durchqueren. Kontakte zu Juden hatte ich nur wenige, im Jahr 1525 traf ich ein paar Rabbiner und diskutierte erfolglos mit ihnen über die Heilige Schrift und über Jesus als Ziel der Schrift.

Dennoch war mir jüdisches Denken nicht fern. Denn ich studierte mit Fleiß und Liebe die hebräische Sprache und dann auch die hebräischen Schriften der Bibel, sodass ich mir vielerlei Wissen über die jüdische Religion und das jüdische Gesetz erwarb. In der Anfangszeit meines reformatorischen Wirkens dachte ich auch daran, die Juden durch großes Entgegenkommen so zu reizen, dass sie den Glauben an Christus annehmen würden. Doch das blieb eine enttäuschte Hoffnung, denn sie blieben ohne jede Veränderung bei ihrem Glauben. In diesem Zusammenhang entstand auch meine Schrift »Dass Jesus ein geborener Jude sei«, in der ich auf den Zusammenhang von Judentum und Jesus hinwies. Und ich bekannte wie folgt: »Ich glaube an einen einzigen Juden, der da heißt und ist Jesus Christus.« An andere Juden allerdings habe ich nicht geglaubt und immer mehr gelangte ich zu der Auffassung, dass die Juden verworfen und von Gott dahingegeben sind. Für mich war das mit Christentum und Judentum so, wie jeder Abel seinen Kain, wie jeder Isaak seinen Ismael, wie jeder Christus seinen Judas hat.

Ich blickte zurück auf die Jahrhunderte, die seit Christus vergangen waren. War nicht das schlimme Schicksal der Juden, von dem ich in manchen Büchern lesen konnte, ein Hinweis darauf, dass Gott sein Volk Israel verlassen hatte und ihm schlimme Strafen zufügte? Hatte nicht der Neue Bund den Alten Bund abgelöst? So und nicht anders habe ich damals gedacht, und ich konnte nicht zu einer anderen Sicht finden.

Wenn du mir nun den Spiegel vorhältst und dabei auch die Schuld deiner Kirche nicht nur nicht verschweigst, sondern zutiefst beklagst, dann wird mir deutlich, dass ich mich auf einem schrecklichen Irrweg befunden habe. Als ob der treue und liebende Gott das Volk seiner Wahl verstoßen und feindlich behandeln würde! Als ob nicht Jesus Jude war und Jude geblieben ist! Als ob nicht die Jünger und Apostel, Paulus voran, ebensolche Juden waren und durchaus geblieben sind – wohl aber mit dem neuen Glauben an Christus Jesus.

Es bleibt mir wohl nur, um Verzeihung zu bitten. Tief bewegt bleibe ich

dein Bruder Martin,
Wittenberg

Von Einheit und Vielfalt

Lieber Bruder Martin,

der Blick auf Juden und Türken beziehungsweise Muslime, über die wir in unseren letzten Briefen gesprochen haben, öffnet uns den Blick für die Weite der heutigen Welt mit ihrer Vielzahl von Völkern und Kulturen, dazu auch Religionen. Das alles war in deiner Zeit natürlich keineswegs so aktuell, wie es heute im Zeichen von Globalisierung, schnellen Reise- und Kommunikationsmöglichkeiten ist, von denen ihr noch nicht einmal träumen konntet. Du warst nur neun Jahre alt, als Cristofero Colombo im Jahr 1492 Amerika für Europa »entdeckte« und sich damit langsam eine neue Welt erschloss. Das hatte aber für dein Wirken noch keine Bedeutung. Wohl wusstet ihr damals einiges über Asien, aber die Völker im schwarzafrikanischen Raum waren euch nur sehr anfanghaft durch die Schifffahrt der Portugiesen bekannt. Es ist deshalb verständlich, dass du und deine Zeitgenossen in Mitteleuropa damals die Welt nur von einem christlich geprägten Westeuropa verstehen konntet – der Osten Europas war ja von orthodoxen Christen und zunehmend von Muslimen auf dem Balkan bestimmt und mit denen hattet ihr wenig zu schaffen.

Heute ist das anders und ich selbst bin ja das beste Beispiel dafür. Unmittelbar nach meiner Wahl habe ich gesagt: »Die Kardinäle mussten bis ans Ende der Welt gehen, um einen neuen Bischof von Rom zu finden.« Mit dem Ende der Welt meine ich dabei nicht nur die Entfernung von Europa nach Buenos Aires, sondern auch die andere Lebensweise, das andere Denken, die anderen Bräuche, ein anderes Bewusstsein. Ich bin Lateinamerikaner, nicht Europäer.

Eine Fülle unterschiedlicher Traditionen, Gesellschafts- und Wirtschaftsformen bestimmt heute unsere Welt. Und hinzu kommen auch die großen und kleinen Religionen, die auf das Gesamt der Welt betrachtet, diese wie einen bunten Flickenteppich von Religiosität erscheinen lassen. Das Christentum lebt nicht länger in einer einheitlichen Welt, sondern muss sich in ganz neuer Weise im Konzert der vielen Stimmen, auch der vielen Religionen, behaupten. Das ist eine ganz neue Wirklichkeit.

In meinem Schreiben über die Freude des Evangeliums habe ich diese Entwicklung so ausgedrückt: »Die Kirche ist das Volk Gottes. Das schließt ein, das Ferment Gottes inmitten der Menschheit zu sein. Es ist ein Volk der vielen Gesichter. Dieses Volk Gottes nimmt in den Völkern der Erde Gestalt an und jedes dieser Völker besitzt eine eigene Kultur, die in einem geschichtlichen Werdegang in legitimer Autonomie entwickelt wurde. Deshalb verfügt das Christentum nicht über ein einziges kulturelles Modell, sondern die Kirche zeigt ihre authentische Katholizität (alle umfassend) in der ›Schönheit des vielseitigen Gesichtes‹. Wenn sie richtig verstanden wird, bedroht die kulturelle Verschiedenheit die Einheit der Kirche nicht. Gott ist in Jesus Mensch geworden; es würde aber der Logik der Inkarnation nicht gerecht, an ein monokulturelles und eintöniges Christentum zu denken.«

Einheit der Kirche also, lieber Bruder Martin, und Einheitlichkeit des kirchlichen Erscheinungsbildes sind zwei ganz verschiedene Sachen. Die Einheit der Kirche in ihrem grundsätzlichen Bekenntnis zum dreieinen Gott, zu Jesus als dem Herrn, zu Taufe und Eucharistie – also in etwa den Punkten, die du in deinem Katechismus behandelst – ist nach dem Willen Jesu unerlässlich. Doch können wir nicht verlangen, so habe ich weiter geschrieben, »dass alle Völker aller Kontinente in ihrem Ausdruck des christlichen Glaubens die Modalitäten nachahmen, die die europäischen

Völker zu einem bestimmten Zeitpunkt der Geschichte angenommen haben, denn der Glaube kann nicht in die Grenzen des Verständnisses und der Ausdrucksweise einer besonderen Kultur eingeschlossen werden. Es ist unbestreitbar, dass eine einzige Kultur das Erlösungsgeheimnis Christi nicht erschöpfend darstellt.« Also auch die europäische Kultur, so sehr sie das Christentum in verschiedener, nämlich römisch-germanischer, Weise geprägt hat, ist nicht der Endpunkt und die einzige Form christlichen Glaubens.

Um ein Bildwort aufzugreifen, das wir in früheren Briefen bereits angesprochen haben: Die europäische Flasche kann nicht die einzige Form sein, in welcher der Inhalt des Christentums sich darstellt und bewahrt wird – es muss in unserer Zeit auch eine lateinamerikanische, eine schwarzafrikanische, eine indische, eine chinesische und viele weitere Flaschen geben.

Tradition also ist das Weitergeben, Übergeben, Überliefern von Inhalten in eine neue Zeit und Kultur, und dies geschieht in vielfältigen Formen, nicht in Einheitlichkeit. Ich möchte mich dafür einsetzen, dass die Kirche ein solches vielseitiges Gesicht erhält, dass die einzelnen Ortskirchen größere Verantwortung und mehr Freiheit erhalten, den Glauben auf ihre je eigene Weise zu leben. Die Zentralisierung aller Fragen und Entscheidungen in Rom halte ich für falsch – wir dürfen keine *Römische* Kirche sein, sondern müssen zu einer wirklichen *Welt*kirche werden, auch wenn da manche hier in Rom umdenken müssen. Aber das verlange ich von ihnen.

Dieser Entwicklung hin zu neuem Denken, dieser Aufbruch hin zu neuen Ufern, diese Umformung einer Kirche des einen, nämlich römischen Gesichts zu einer Kirche der vielen Gesichter entspricht einem Wort Jesu: »Niemand füllt neuen Wein in alte Schläuche.« Der Wein unseres Bekenntnisses zu Christus muss bewahrt bleiben – aber wir müssen dies tun im Blick auf die vielen Völker und Kulturen.

Das alles hat hohe Bedeutung auch für unsere Gespräche: Denn wenn es die Kirche der vielen Gesichter geben wird, wenn endlich erkannt wird, dass Einheit und Einheitlichkeit zwei unterschiedliche Dinge sind – dann eröffnen sich auch neue Perspektiven für das ökumenische Gespräch zwischen unseren Kirchen. Nicht die Rückkehr zum römischen Gesicht können wir Katholiken von euch Protestanten verlangen – und ihr könnt umgekehrt nicht verlangen, dass wir uns zu eurer Kirche »reformieren«. Ich sage dies, obwohl natürlich Reform der Kirche auch bei uns bitter nötig ist, aber vielleicht in ganz anderer Weise, als ihr dies im 16. Jahrhundert getan habt. Nein, die Perspektive ist, dass evangelische und katholische Christen, nicht zu vergessen auch die orthodoxen Brüder, zusammen eine vielgesichtige Gemeinschaft bilden, die in ihrem inneren Kern, dem Bekenntnis zu Christus, eine Einheit bildet, aber in ihrer Gestalt und Erscheinungsweise bunt und vielgestaltig ist und damit der Vielfalt menschlicher Denk- und Lebensweisen mehr entsprechen kann. Also im Bild: eine katholische Flasche, eine evangelische Flasche, eine orthodoxe Flasche – und alle mit dem gleichen Inhalt: Christus.

Wäre so, in einem gemeinsamen Aufbruch zu einer vielgesichtigen Kirche, die sich immer wieder von ihrem Innersten, dem Vertrauen auf Gott und den Glauben an Christus her, erneuert und dabei die Schrift als Maßstab nimmt, nicht eine Möglichkeit gegeben, die leidvolle Trennung und all die Streitereien der vergangenen fünfhundert Jahre zu überwinden? Dies frage ich dich als Papst, dessen Aufgabe es vor allem ist, die Einheit in der Vielfalt und Verschiedenheit der Menschen zu wahren,

dein Bruder Franciscus,
Rom

Lieber Bruder Franziskus,

ich bin fasziniert von deinem letzten Schreiben, und
dies auf vielfache Weise. Zum einen bewundere ich
dich, weil du »vom Ende der Welt« herkommend dich
doch hier in Europa zurechtgefunden hast. Aber natürlich war dies dir deshalb leichter, weil deine Vorfahren
aus Italien kamen und du zumindest sprachlich keine
besonderen Probleme in Rom hast. Aber kulturell – und
darauf weist du ja hin – ist es schon ein großer Sprung
über das Meer: vom Süden Lateinamerikas in den Süden Europas. Doch dadurch, dass du beide Kulturkrei-
se kennst, scheinst du zu einer größeren Weite gelangt
zu sein. Du bist nicht gefangen im römischen Denken,
in den geschlossenen Kreisen der römischen Kurie, im
festgefahrenen theologischen Denken mancher deiner
Vorgänger – nein, du zeigst immer neu, dass du für
Überraschungen gut bist.

Insofern ähnelt deine Haltung der Haltung der Reformatoren und auch meiner Haltung. Wir wollten
nicht einfach das hinnehmen, was uns überliefert worden war und was wir als hinderlich ansahen für das
Verständnis des Evangeliums. Wir wollten uns nicht
einbinden lassen in das Korsett von Vorschriften, Regeln und Anordnungen – über die Freiheit eines Christenmenschen, so wie wir dies verstanden, haben wir
uns schon ausgetauscht.

Ich bin auch fasziniert von der neuen Welt, in der du
lebst, in der die Menschheit deiner Zeit lebt. So recht
kann ich mir dies überhaupt nicht vorstellen: fliegen
wie die Vögel, ein Gerät in den Händen zu halten, mit

dem man die Stimme von Menschen hört, die Tausende Kilometer weit weg sind, Bilder auf Geräten zu sehen, die einen teilhaben lassen an einem Geschehen in einem anderen Land – völlig unvorstellbar für mich. Obwohl wir ja auch unsere technischen Fortschritte hatten. Für mich war besonders der Buchdruck mit beweglichen Lettern, den Johannes Gensfleisch, genannt Gutenberg, in der Stadt Mainz erfunden hatte, wichtig, denn so konnten meine Schriften rasch und einfach, zudem zu günstigen Kosten, vervielfältigt und verteilt werden. Aber solche Dinge scheinen bei euch ja noch viel besser abzulaufen.

Ich bin aber – und das ist für uns beide das Wichtigste – vor allem fasziniert durch die Perspektive, die du aufzeigst: eine vielgesichtige Kirche, die die Einheit bewahrt, zugleich aber die Verschiedenheit ermöglicht – in deinem Bild gesprochen: viele bunte und unterschiedliche Flaschen mit einem Inhalt. Das ist wahrlich ein neuer Ansatz, der uns weiterhilft und der dazu beitragen kann, die Spaltung zu überwinden, unter der die Christenheit zu leiden hat, nicht erst seit dem 16. Jahrhundert, sondern bereits seit dem 11. Jahrhundert, als die östliche und die westliche Kirche eigene Wege gingen und die jeweils andere mit Bann und Exkommunikation überzogen.

Doch ein solches Denken, das Einheit und Einheitlichkeit deutlich unterscheidet und dadurch neue Möglichkeiten eröffnet, ist keineswegs neu. Ich erinnere dich an den Reichstag zu Augsburg im Jahr 1530, zu dem ich selbst nicht anreisen durfte – ich wartete mit Spannung auf der Feste Coburg auf ein Ergebnis. Im Vorfeld und auch während der Beratungen durch Briefe habe ich meinen Teil beigetragen zu diesem Treffen der Fürsten des Reiches mit dem Kaiser, zudem der Vertreter Roms und der Reformation.

Im Augsburger Bekenntnis, das die reformierten Reichsstände Kaiser Karl V. vorlegten, und das auch zur Grundlage des späteren, im Jahr 1555 ebenso in Augsburg geschlossenen Religionsfriedens wurde, wird in 28 Artikeln das Wichtigste des christlichen Glaubens aus unserer Sicht dargelegt. Dabei handelt der Artikel 7 von der Kirche. Und dieser Artikel trifft meiner Meinung nach genau deine Intention:

»Von der Kirche. Es wird auch gelehrt, dass allezeit eine heilige, christliche Kirche sein und bleiben muss, die die Versammlung aller Gläubigen ist, bei denen das Evangelium rein gepredigt und die heiligen Sakramente laut dem Evangelium gereicht werden. Denn das genügt zur wahren Einheit der christlichen Kirche, dass das Evangelium einträchtig im reinen Verständnis gepredigt und die Sakramente dem göttlichen Wort gemäß gereicht werden. Und es ist nicht zur wahren Einheit der christlichen Kirche nötig, dass überall die gleichen, von den Menschen eingesetzten Zeremonien eingehalten werden, wie Paulus sagt: ›Ein Leib und ein Geist, wie ihr berufen seid zu einer Hoffnung eurer Berufung; ein Herr, ein Glaube, eine Taufe.‹«

Auch in diesem Bekenntnis wird also, lieber Bruder Franziskus, unterschieden zwischen dem, was unverzichtbar zur Einheit der Christen gehört, und dem, was als von Menschen eingesetzten Zeremonien – und ich füge hinzu Kirchenordnungen – eine Angelegenheit ist, die verschieden gestaltet und auch immer verändert werden kann. Es ist nötig, dass wir diese Unterscheidung in unseren Gesprächen, im theologischen Dialog, vor allem aber im Leben der Christen immer wieder herausstellen. Was göttliches Evangelium ist, ist das eine, was von Menschen gemachte Ordnungen sind, ist das andere. Das eine, Gottes Wort, bleibt bestehen durch alle Zeit, das andere, der Menschen Werk, kann und muss verändert, reformiert werden, wenn es den Menschen, der jeweiligen Kultur und Gesellschaft nicht länger entspricht.

Nichts anderes war immer mein Anliegen. Leider haben sich die Fronten auf beiden Seiten so verhärtet, dass eine Spaltung herausgekommen ist, die nicht hätte sein müssen. Wie schade nur, dass wir beide damals in Augsburg nicht haben verhandeln können. Es wäre wahrlich ein guter Religionsfriede für die deutschen Lande und für die Welt dabei entstanden.

Einheit in Vielfalt und Verschiedenheit, das bleibt unsere Aufgabe in doppelter Weise: Zum einen gilt es, die Einheit zu wahren, und vielleicht ist dies die Aufgabe, die dir in herausragender Weise zuzusprechen ist. Zum anderen gilt es, die Vielfalt zu wahren, und vielleicht ist es meine Aufgabe, an dieser Stelle zu wirken. Das sollte uns aber nicht daran hindern, einander weiterhin brüderlich zu begegnen und als Geschwister unter dem einen Vater uns miteinander zu Jesus, dem Christus, zu bekennen. Geschwister tragen Sorge füreinander, so besteht auch für uns die Aufgabe, füreinander zu sorgen in Liebe und Verbundenheit, nicht in Streit und Hass, wie es leider gewesen ist.

Im Blick also auf viele bunte christliche Flaschen mit dem einen Jesus als Inhalt wünsche ich uns, lieber Bruder Franziskus, einen Neubeginn. Dies wünsche ich mir nicht nur für uns beide, die wir in unseren Briefen zu einem tieferen Miteinander gefunden haben, sondern auch für die Kirchen, die wir beide repräsentieren. Ein Friede aber unter den Christen trägt wesentlich zum Frieden in der Welt bei.

So grüßt dich innerhalb einer vielgesichtigen Kirche
dein Bruder Martin,
Wittenberg

Brüder in Verschiedenheit

Lieber Bruder Martin,

um den Frieden wollen wir uns beide an den Stellen bemühen, die uns von Gott zugewiesen sind. Dabei sehe ich unterschiedliche Positionen und Aufgaben nicht als problematisch an: Zum einen sind die Lebens- und Glaubenswege der Menschen so verschieden, dass dies Auswirkungen auch auf die Form hat, in der sie ihren Glauben gestalten. Zum anderen habe ich geschrieben: »Die Unterschiede zwischen den Menschen und den Gemeinschaften sind manchmal lästig, doch der Heilige Geist, der diese Verschiedenheit hervorruft, kann aus allem etwas Gutes machen. Die Verschiedenheit muss mithilfe des Heiligen Geistes immer versöhnt sein; nur er kann die Verschiedenheit, die Pluralität, die Vielfalt hervorbringen und zugleich die Einheit verwirklichen. Wenn hingegen wir es sind, die auf der Verschiedenheit beharren, und uns in unsere Partikularismen, in unsere Ausschließlichkeiten zurückziehen, verursachen wir die Spaltung. Und wenn andererseits wir mit unseren menschlichen Plänen die Einheit schaffen wollen, zwingen wir schließlich die Eintönigkeit, die Vereinheitlichung auf. Das hilft der Kirche nicht.«

Ich sehe also, lieber Bruder Martin, Einheit sowie Verschiedenheit als Werk des Geistes und als gottgewollt. Wenn man das bis ans Ende durchdenkt, dann ist vielleicht auch die Reformation trotz der Schuld von Menschen auf beiden Seiten, trotz der Zuspitzung, trotz der Religionskriege, die sich daraus ergeben haben, von Gott gewollt, um Einheit und Verschiedenheit wieder in eine ausgewogene Balance zu bringen. Die römische Einheitlichkeit jedenfalls entspricht in keiner Weise dem Wirken des Geistes, der weht, wo er will, und der in den Menschen die unterschiedlichsten Charismen bewirkt. Was wir – und damit meine ich alle Christen gleich welcher Konfession – brauchen, ist also eine neue Öffnung auf den Geist Gottes hin. Das aber ist ein Geist der Geschwisterlichkeit und der Liebe. Solche Liebe aber, das hat uns der Apostel Paulus geschrieben, »ereifert sich nicht, sie prahlt nicht, sie bläht sich nicht auf. Vielmehr erträgt die Liebe alles, glaubt alles, hofft alles, hält allem stand.«

Ich habe immer wieder betont, dass der ökumenische Dialog – und damit auch unsere vielen Briefe, lieber Bruder Martin – in der heutigen Welt unerlässlich ist. Denn »die Glaubwürdigkeit der christlichen Verkündigung wäre sehr viel größer, wenn die Christen ihre Spaltungen überwinden würden«. Wir sind doch alle Pilger auf dem Weg und wir pilgern gemeinsam auf ein gemeinsames Ziel hin. Manchmal gehen wir verschiedene Wege, aber es gibt doch nicht nur den einen Weg, sondern viele Möglichkeiten, das Ziel zu erreichen.

Das Zweite Vatikanische Konzil hat in seinem Dekret über den Ökumenismus genau dies betont, wenn es dort heißt: »Alle in der Kirche sollen unter Wahrung der Einheit im Notwendigen in den verschiedenen Formen des geistlichen Lebens und der äußeren Lebensgestaltung, in der Verschiedenheit der liturgischen Riten sowie der theologischen Ausarbeitung der Offenbarungswahrheit die gebührende Freiheit walten lassen, in allem aber die Liebe üben. Auf diese Weise werden sie die wahre Katholizität und Apostolizität der Kirche immer vollständiger zum Ausdruck bringen.«

Es ist zu beachten, dass an dieser Stelle mit Katholizität nicht die katholische Konfession gemeint ist, sondern das All-Umfassende und All-Einende des christlichen Glaubens und der christlicher Kirche. Ich finde, mit dem Doppelbegriff von Einheit und Freiheit hat das Konzil eine entscheidende Weichenstellung vorgenommen – wir haben in unseren Briefen das Gleiche mit dem Wortpaar Einheit und Vielfalt umschrieben.

Wenn man dies so versteht, dann ist die christliche Ökumene nicht nur für die Kirche als Jüngergemeinschaft Jesu unerlässlich, sondern sie ist auch ein Beitrag zur Einheit der Menschheitsfamilie. Wo aber die Spaltung und das Trennende zwischen Christen im Vordergrund steht und nicht ihr gemeinsames Bekenntnis zu Christus, wie du es mit dem Augsburger Bekenntnis dargelegt hast, da geben Christen ein Negativ-Zeugnis des Evangeliums. Solcherlei Spaltung, bei der sich die Konfessionen als Konkurrenten verstehen und nicht als Geschwister einer Familie, ist ein Skandal, der zum Wohl der Menschheit überwunden werden muss.

Das Zweite Vatikanische Konzil hat von einer Hierarchie der Wahrheiten gesprochen, und dies ist in der Tat bedeutsam für das ökumenische Gespräch. Wir müssen uns bei unseren Begegnungen auf die Überzeugungen konzentrieren, die uns verbinden. Und das ist mehr als genug, denn wir können beide die Glaubensbekenntnisse der alten Kirche sprechen, und dies zudem mit unseren orthodoxen Brüdern. Wir sind eins im Glauben, aber unterschiedlich in der Weise, wie wir diesen Glauben ausdrücken. Das aber ist kein Verlust von Einheit, sondern ein Gewinn von Vielfalt, die dem vielfältigen Leben von Menschen und Völkern besser entspricht als eine langweilige und nicht angemessene Uniformität.

Der Dialog bereichert uns, weil wir andere Auffassungen als die unseren nicht nur wahrnehmen, sondern wertschätzen lernen. Dies gilt übrigens nicht nur für das Gespräch der Christen untereinander, sondern in unserer heutigen Zeit ebenso für das Gespräch mit den Vertretern der anderen Religionen, allen vorab mit den Anhängern unserer Geschwisterreligionen Judentum und Islam, die sich in gleicher Weise wie wir auf Abraham, den Vater des Glaubens, berufen.

Die Menschheit insgesamt steht in unserer Zeit vor größten Herausforderungen. Es sind Fragen des Friedens, der Gerechtigkeit, der Umwelt – dazu habe ich mein Schreiben *Laudato si* veröffentlicht –, die uns heute bewegen, die aber von allen gemeinsam angegangen werden müssen. Hier können und sollen wir Christen trotz unserer Verschiedenheit im Detail gemeinsam »Salz der Erde und Licht der Welt« sein, wie es uns der Herr aufgetragen hat.

Und ich bin davon überzeugt, dass wir in der Tat eine Botschaft haben, die für die Menschheit von Bedeutung ist: eine Botschaft von der Einheit des Menschengeschlechtes, weil der eine Gott Welt und Menschen geschaffen hat; eine Botschaft von der Liebe als gestaltender Kraft zwischen den Menschen, die Unfrieden und Ungerechtigkeit überwindet, so wie Jesus es vorgelebt hat; eine Botschaft der Hoffnung auf ein Leben nach dem Tod und auf Vollendung für alle in der Zukunft Gottes. Wir brauchen uns als Christen in der Welt nicht zu verstecken, sondern können frohe und freie Boten des Evangeliums sein, einer Botschaft, über die die Engel auf dem Hirtenfeld gesungen haben: »Verherrlicht ist Gott in der Höhe und auf Erden ist Friede bei den Menschen seiner Gnade.«

Lieber Bruder Martin, unser Briefwechsel neigt sich dem Ende zu, doch ich bin fest davon überzeugt, dass er uns reiche Erkenntnis gebracht hat und vor allem ein besseres Verständnis, dass wir beide Brüder im Herrn sind und die Christen – gleich welcher Konfession – Geschwister unter dem einen Vater.

Lieber Bruder Martin, ich danke dir,

dein Bruder Franciscus,
Rom

Lieber Bruder Franziskus,

auch ich habe durch unseren Briefwechsel angeregt einen weiten Weg zurückgelegt. Denn so dachte ich früher und habe auch so geschrieben: »Wer Gott reden hören will, der lese die Heilige Schrift; wer den Teufel reden hören will, der lese des Papstes Dekrete und Bullen.« Und an anderer Stelle reimte ich:

»Wenn der Teufel morgen stirbt
und ein Wolf zum Schafe wird,
so werden Luther und Papst eins.
Der beiden geschieht gewisslich keins.
Doch will man viel traktieren,
das ist nur Geld und Zeit verlieren.
Bleibt Christi Wort in Ehren stehen,
so muss der Papst in Trümmer gehen.«

Du kannst sicher sein, lieber Bruder Franziskus: So denke ich heute nach all unseren Briefen nicht mehr und so würde ich erst recht nicht mehr schreiben! Ich beachte heute im Blick auf Papst und Katholiken eher die Weisung des Apostels Paulus im Römerbrief, wo er schreibt: »Du aber, was richtest du deinen Bruder? Oder du, was verachtest du deinen Bruder? Wir werden alle vor den Richterstuhl Gottes gestellt werden. Darum lasst uns nicht mehr einer den andern richten; sondern richtet vielmehr darauf euren Sinn, dass niemand seinem Bruder einen Anstoß oder Ärgernis bereite.«

Ich hätte auch nie gedacht, dass einmal – wenn auch erst vierhundertfünfzig Jahre nach meiner Zeit – ein römisches Konzil so ausgewogen von Einheit und Freiheit sprechen würde, als wäre bei mir abgeschrieben worden. Aber ich denke, wir haben mit unseren Worten Einheit und Vielfalt das Richtige gefunden. Es muss uns um eine Versöhnung gehen, die die Vielgesichtigkeit der Kirche Jesu Christi nicht aufhebt, um eine versöhnte Verschiedenheit also. Alles andere ergibt keinen Sinn. Und dann brauchen wir auch nicht gegeneinander zu wettern und zu fechten, sondern dann können wir – jeder auf seine Weise – das Evangelium frei verkünden und das tun, wozu Gott uns auf unterschiedliche Weise berufen hat.

Auch brauchen wir keinen Hochmut und Ruhm mehr, der uns über den anderen setzen will. Ich für meine Person kann allein sagen: Ich habe nichts und bin nichts, als dass ich mich beinahe rühmen kann, ein Christ zu sein. Obwohl, wenn ich es bedenke, so richtig Christ müssen wir alle erst werden, denn es gilt, was ich in einer kleinen Geschichte einmal von den beiden Säckchen des Glaubens und der Liebe gesagt habe:

»Das Säckchen des Glaubens hat zwei Beutelchen in sich: in dem einen Beutelchen steckt das Stückchen, dass wir glauben, durch Adams Sünde allzumal Sünder zu sein. In dem anderen Beutelchen steckt das Stückchen, dass wir allesamt durch Jesus Christus von diesem verderbten Wesen erlöst sind. Das Säckchen der Liebe hat auch zwei Beutelchen in sich: In dem einen steckt das Stückchen, dass wir allesamt jedermann dienen und wohltun sollen, wie Christus an uns getan hat. In dem anderen Säckchen steckt das Stückchen, dass wir das Böse, das uns angetan wird, gern erleiden und dulden sollen.«

Wir erkennen also als Christen, dass wir durch Christus das Heil von Gott erlangen. Hieraus folgt für uns, dass wir zu einem Leben der Liebe und des Dienstes am Nächsten berufen sind. Beides aber fällt uns zeitlebens schwer, wir müssen allemal, wie alt wir auch sind, in eine Schule des Glaubens und der Liebe gehen wie die kleinen Kinder. Dort aber lernen wir, was das Evangelium ist, dort lernen wir, wie das Evangelium zu leben ist. Mehr ist in dieser Schule nicht zu lernen, und es genügt, um in Gottes Himmel zu kommen.

Und beides meint nichts anderes als das, was ich dir bereits geschrieben habe: »Ein Christenmensch lebt nicht in sich selbst, sondern in Christus und seinem Nächsten; in Christus durch den Glauben, im Nächsten durch die Liebe.« Das ist der Kern des Evangeliums.

Lieber Bruder Franziskus, wir haben uns vom ersten Brief an immer Bruder genannt. Damals habe ich dieses Wort nur mit Vorsicht und innerem Widerstand in den Mund nehmen können – zu viel stand zwischen mir und dem Papst in Rom. Doch heute kann ich es keck und frei aussprechen, denn ich habe gelernt, dass du mir wirklich ein Bruder in Christus geworden bist. So vieles haben wir gemeinsam, in so vielen Punkten haben wir eine Einigkeit gefunden, von der ich vorher nicht zu träumen gewagt hätte.

Und wir haben auch beide erkannt, dass die Reform der Kirche nicht allein eine Sache des 16. Jahrhunderts gewesen ist, sondern auch für deine Zeit des 21. Jahrhunderts gelten muss. Die Kirche ist immer zu reformieren – und ihr in Rom habt, das muss ich doch bemerken, dabei noch eine ganze Menge zu tun. Doch auch die Glieder der Kirchen, die sich auf mich berufen, sind nicht am Ziel. Auch sie bedürfen der ständigen Reform und Umkehr, eines je neuen Aufbruchs und Neubeginns. Es gibt viel zu tun – bei dir und bei mir.

Das uns gemeinsame Gebet des Vaterunser schließt mit dem hebräischen Wörtchen »Amen«. Es ist ein kleines Wort und doch liegt so Großes darin. Denn Amen, so habe ich im Katechismus gesagt, »ist nichts anderes als das Wort eines nicht zweifelnden Glaubens, der nicht auf gut Glück betet, sondern der weiß, dass Gott nicht lügt, nachdem er verheißen hat zu geben«.

So bete ich darum, dass wir, du und ich und alle Christen, die ersehnte Einheit im Glauben in der Vielfalt der Erscheinungsweisen recht und frei verwirklichen können. Ich bitte Gott darum und sage »Amen« am Ende, weil ich ganz und gar darauf vertraue, dass er uns gibt, was wir erbitten. Und ich bin mir sicher, lieber Bruder Franziskus, dass du in gleicher Weise beten kannst – denn auch darin sind wir Brüder, Geschwister im Glauben, in der Liebe und in der Hoffnung, erfüllt von Freude, wie wir miteinander herausgefunden haben.

Ich möchte diesen Brief und damit unseren Briefwechsel schließen mit einem Wort aus der Offenbarung des Johannes. Der hörte die Stimme eines Engels: »Lasst uns fröhlich sein und Gott die Ehre geben ... Ich bin dein und deiner Brüder Mitknecht, die das Zeugnis Jesu haben.« So verstehe ich mich in der Begegnung mit dir, lieber Bruder Franziskus: Ich bin dein und deiner Brüder Mitknecht. Wir haben das Zeugnis Jesu und dürfen in Glaube, Liebe, Hoffnung und Freude vereint sein. Mehr braucht es nicht. Amen.

Ebenso in Dankbarkeit

dein Bruder Martin,
Wittenberg